Zeit für Flusskreuzfahrten

Die Flussreisen der Welt entdecken und genießen

Kurt Ulrich · Peer Schmidt-Walther

BRUCKMANN

Inhalt

1

2

1 Kabinenkreuzer »Sans Souci«. **2** Freundlicher Service an Deck. **3** Balkonkabinen der »Viking Primadonna«. **4** Binnenkreuzfahrer interessieren sich für Kultur und Geschichte. **5** Péniches sind umgebaute Frachtkähne.

Auf dem Amazonas verkehren Hochseeschiffe bis Manaus. Nur Expeditionsschiffe mit geringem Tiefgang wie die »Hanseatic« fahren bis Iquitos.

Bis spät in die Nacht sind Ausflugsschiffe auf der Moskwa unterwegs.

Am kambodschanischen Tonle Sap stehen die Hütten der Fischerdörfer zum Schutz vor den alljährlichen Überschwemmungen auf Holzpfählen im Wasser.

Wiederentdeckung der Langsamkeit

1

Flüsse trennen und verbinden. Sie bilden Staatsgrenzen, waren Kriegsschauplätze, dienten während Jahrtausenden als wichtigste Handels- und Verkehrswege, an denen Stadt um Stadt gegründet wurde. Paris liegt an der Seine, London an der Themse, Moskau an der Moskwa, Rom am Tiber. Mit »Kalkutta liegt am Ganges« trällerte sich 1960 Vico Torriani in die deutsche Hitparade und lieferte damit eine geografische Fehlinformation, denn Kalkutta liegt am Fluss Hugli.

Flüsse inspirierten Maler und Komponisten, Dichter und Schriftsteller. Der Engländer William Turner malte die Seine und die Mosel. Johann Strauß komponierte den Walzer »An der schönen blauen Donau«, Ferde Grofé eine »Mississippi Suite«, Friedrich Smetana seine sinfonische Dichtung »Die Moldau« im Zyklus »Mein Vaterland«. Friedrich Hölderlin, Clemens Brentano und Johann Wolfgang Goethe besangen den Rhein.

In »Leben auf dem Mississippi« beschreibt Mark Twain bildhaft den Verlauf des »Ol'Man River«: »Wirft man sich eine lange, geringelte Apfelschale über die Schulter, so wird sie ziemlich gut die Gestalt einer durchschnittlichen Strecke des Mississippi annehmen.« Maxim Gorki schildert in »Meine Kindheit« die Atmosphäre auf einem Wolgadampfer des 19. Jahrhunderts: »In warmen Nächten ist es unter dem blechernen Sonnendach, das sich tagsüber erhitzt hat, sehr schwül. Die Passagiere zerstreuen sich wie Küchenschaben über das Deck und strecken sich – einerlei wo – zum Schlafen aus. Wenn eine Anlegestelle kommt, werden sie von den Matrosen mit Fußtritten geweckt.« Ungleich komfortabler ist der Raddampfer, auf welchem Hercule Poirot in Agatha Christies »Der Tod auf dem Nil« drei Morde aufklärt: »Die Passagiere begaben sich an Bord und bekamen ihre Kabinen zugewiesen. Das Schiff war nicht voll, deshalb wurden die meisten Fahrgäste auf dem Promenadendeck untergebracht. Dessen gesamter vorderer Teil bestand aus einem komplett verglasten Aussichtssalon, in dem die Passagiere sitzen und den Nil betrachten konnten, der sich vor ihnen auftat. Auf dem Deck darunter befand sich ein Rauchsalon und ein kleiner Aufenthaltsraum und noch ein Deck tiefer der Speisesaal.«

Heute hat sich in Europa der Frachttransport weitgehend vom Wasser auf Schiene und Straße verlagert. Dafür boomt der Flusstourismus. Immer mehr Urlauber entdecken den Reiz von landschaftlich und kulturell interessanten Binnenkreuzfahrten, die auf allen fünf Kontinenten angeboten werden.

Auf den Weltmeeren dominiert der Massentourismus auf Schiffen, die mehrere Tausend Passagiere befördern können und alle Merkmale eines terrestrischen Freizeitparks aufweisen, die der Hamburger Freizeitforscher Horst W. Opaschowski so beschreibt: »Vorübergehend die Alltagssorgen vergessen, sich in eine Phantasiewelt versetzt fühlen, märchenhafte Stunden der Freude, Entspannung und Zerstreuung erleben.« Die Kreuzfahrer haben die Wahl zwischen zahlreichen Bars und bis zu zwanzig Restaurants, machen Shopping in den zollfreien Bord-Boutiquen, finden auf dem Sonnendeck mehrere Swimming- und Whirlpools. Sie kraxeln Kletterwände hoch, surfen in Gegenstromanlagen, versuchen sich in einem Formel-1-Simulator als Grand-Prix-Pilot oder laufen Schlittschuh auf einer Kunsteisbahn. Im Theater ist Showtime wie in Las Vegas, in der Disco wummern die Bässe bis in die frühen Morgenstunden. Wohin die Reise geht, hat zweite Priorität.

Flusskreuzfahrten sind anders und ziehen ein anderes Publikum an. An Bord sind vorwiegend »Best Agers«, die es komfortabel mögen, Neues entdecken wollen, sich für Kultur und Geschichte interessieren. Auf dem Sonnendeck genießen sie, an die Reling gelehnt oder im Liegestuhl, die langsam vorüberziehende Landschaft – Dörfer und Städtchen, Wälder und Weinberge, enge Täler und weite Ebenen. Gelegentlich eine Schleuse, immer wieder Landgang. Abends spielt ein Alleinunterhalter zum Tanz auf, kommt eine Folkloregruppe an Bord oder bestreiten singende, tanzende und zaubernde Crewmitglieder eine Show. Strikte Garderobenvorschriften haben ausgedient, »Kein Kleiderzwang, der Gast ist im Urlaub und soll sich wohlfühlen«, lautet die Devise. Allerdings missbilligen traditionsbewusste Kreuzfahrer, dass beim Welcome-Dinner immer mehr Frauen in Hosen und Herren ohne Schlips im Restaurant sitzen.

Einwöchige Binnenkreuzfahrten sind die Regel, doch es gibt auch dreitägige Schnupperfahrten und fünfzehntägige Reisen quer durch Europa von Amsterdam nach Budapest. Großer Beliebtheit erfreuen sich Themenreisen für Golfer und Radler, Opernfreunde und Liebhaber klassischer Musik. Um den Fahrkomfort zu erhö-

4

hen, haben Werftingenieure neue Antriebskonzepte entwickelt. Die »Viking Legend«, Baujahr 2009, verfügt über einen dieselelektrischen Motor, der leiser, vibrationsärmer, sparsamer und umweltfreundlicher ist als konventionelle Motoren. Kabinenkreuzer wie »Flamenco« und »Bellevue« sind sogenannte TwinCruiser: Der Motor befindet sich in einer mit dem Hotelteil durch Verstrebungen verbundenen Schubeinheit, was Motorengeräusche und Vibrationen ebenfalls weitgehend eliminiert.

1 »Willkommen an Bord!« Am ersten Abend stellt der Kapitän seine engsten Mitarbeiter vor. **2** In Stralsund hat die »Victor Hugo« neben der Dreimast-Bark »Gorch Fock« festgemacht. **3** Frühturnen auf dem Sonnendeck. **4** Gelegentlich präsentiert die Crew im Salon eine eigene Show.

Ein Problem kann der Wasserstand sein. Ist er zu hoch oder zu niedrig, wird die Kreuzfahrt annulliert oder abgebrochen. Das verärgert Passagiere wie Veranstalter gleichermaßen: Erstere haben

1

2

3

sich mit der Vorfreude auf den Urlaub zufrieden zu geben, Letztere verlieren Geld. Kein Problem ist jedoch die leidige Seekrankheit. Wenn allerdings nach einer Fahrt auf der Oder das Schiff von Stralsund zur Insel Rügen fährt, kann es ganz schön schaukeln. Auch in Andalusien wird es auf der Strecke von der Mündung des Guadalquivir entlang der Küste nach Cádiz gelegentlich ungemütlich. Gefürchtet für seine Herbststürme ist der Onegasee, den die Schiffe zwischen Moskau und Sankt Petersburg überqueren. Doch die Kapitäne gehen kein Risiko ein, bei hohem Wellengang warten sie im Hafen auf ruhigeres Wasser.

Wer seinen Urlaub auf einem Fluss verbringen will, hat die Wahl zwischen drei Schiffstypen: Kabinenschiff, »Péniche« und Hausboot. Kabinenschiffe – auf Englisch »Boats« genannt im Unterschied zu ozeangängigen »Ships« – sind Pensionen, Mittelklassehotels oder Fünf-Sterne-Hotels auf dem Wasser für meist 80 bis 240 Passagiere. Während Hochseekreuzern in der Größe kaum Grenzen gesetzt sind, schränken Länge und Breite der Schleusenkammern sowie die Höhe der Brücken die Dimension der Binnenkreuzer ein. Auf europäischen Flüssen haben sie mehrheitlich bloß zwei oder drei Kabinendecks. Bei extrem tief gelegenen Brücken muss das Ruderhaus hydraulisch abgesenkt, die Reling des Sonnendecks auf den Boden gelegt werden. Unter Deck ist alles bescheidener dimensioniert als auf hoher See. Die Treppen sind steiler, die Kabinen kleiner. Meist gibt es ein Restaurant, einen Salon, eine Boutique und einen Pool, oft auch eine Sauna und einen Fitnessraum, vereinzelt sogar ein Hallenbad. Zahlreiche Neubauten verfügen über »French Balconies« oder Balkone.

Auf dem Jangtse, Chinas längstem Fluss, gelten Europas restriktive Bauvorschriften nicht. Hier verkehren auch größere Schiffe, ist »Victoria Jenna« der weltgrößte Binnenkreuzer: Eine 180-köpfige Crew betreut die 378 Passagiere, alle Kabinen auf den fünf Decks haben einen Balkon, die Standard-Kabinen sind mit 20,9 Quadratmetern fast doppelt so groß wie auf vielen anderen Schiffen. Wem das immer noch zu klein ist, bucht eine der 54,6 Quadratmeter großen Suiten. Der schwimmende Riese verfügt über einen Tagungsraum, zwei Restaurants, drei Bars und vier Lifte. So viele Annehmlichkeiten bietet kein anderes Flussschiff. Auf dem Amazonas verkehren brasilianische Schiffe, es fahren große Kreuzfahrtschiffe von der Mündung bis Manaus, kleine dagegen bis Iquitos.

5

1 und **2** Enge Schleusenkammern sorgen für Nervenkitzel. Gelegentlich bleiben nur wenige Zentimeter bis zur Schleusenwand, steigt oder senkt sich das Schiff 30 Meter und mehr. **3** Kabinenkreuzer auf dem Yangtse. **4** und **5** Sind die Passagiere auf Landgang , bringt die Mannschaft das Schiff auf Hochglanz.

Ein Bootstyp, der besonders in Frankreich beliebt ist, sind die »Péniches«, umgebaute Frachtkähne mit selten mehr als zehn Kabinen. Sie garantieren plüschigen Charme, individuellen Service, vorzügliches Essen und ausgesuchte Weine. Die Bordatmosphäre lässt sich am besten mit familiärer Exklusivität umschreiben.

Individualisten chartern ein Hausboot. Sie sind meist führerscheinfrei, werden in Deutschland, Frankreich, England und den USA angeboten. Man ist sein eigener Kapitän, tuckert ohne festen Fahrplan durch idyllische Landschaften, legt unterwegs nach Lust und Laune an und übernachtet immer dort, wo es besonders schön ist. Man navigiert, bedient Schleusen, faulenzt an Deck und unternimmt Touren auf mitgeführten Fahrrädern – eine ideale Kombination von Aktiv- und Erholungsurlaub.

Wie auf hoher See prägt auch bei der Binnenkreuzfahrt die Reederei das Bordambiente. Die in Europa verkehrenden Schiffe von Viking Flusskreuzfahrten tragen die Handschrift norwegischer Innenarchitekten mit warmen Farben und hellem Holz. CroisiEurope mit Sitz in Straßburg gibt sich französisch locker und pflegt die französische Küche. Mit einer breiten Palette an Bordaktivitäten und Ausflügen richtet sich die Arosa-Flotte an Junge und jung

1

2

3

4

Gebliebene. Die Schiffe von Lüftler Cruises, die auf der Donau, in Belgien und Holland unterwegs sind, heißen »Amadeus Diamond«, »Amadeus Royal« oder »Amadeus Symphony«. Ihre Decks sind nach österreichischen Komponisten benannt, was die Heimat der Gesellschaft betont. Pandaw River Cruises verkehrt mit kleinen, auf lokalen Werften gebauten Schiffen und einer asiatischen Crew im asiatischen Raum. Nahezu alle Einheiten der russischen Binnenflotte sind kleiner dimensioniert als in Westeuropa, transportieren aber bis vierhundert Passagiere.

In Nordamerika und Australien laufen Nachbauten historischer Raddampfer zu Flusskreuzfahrten aus. Die Mega-Yacht »Alyssa« ist das erste Designerschiff und fährt auf dem Nil. Auf europäischen Flüssen verspricht die »River Cloud II« 88 Passagieren »individuelle Reisen auf höchstem Niveau«, die »Premicon Queen« bietet Suiten-Passagieren einen Butler-Service. Es gibt Kabinenkreuzer für jeden Geldbeutel und jeden Geschmack.

Die ausgefallenste Kreuzfahrt führt durch Masuren im Norden von Polen. Wer mit dem Auto auf der E 7 nach Danzig unterwegs ist, traut zuweilen seinen Augen nicht: Da fährt doch ein Schiff nicht in seinem angestammten Element, sondern auf Schienen über Land!

Ein technisches Kuriosum, das weltweit einzigartig ist und unter Denkmalschutz steht. Seit 1860 verbindet der Oberlandkanal das Städtchen Ostróda/Osterode mit dem achtzig Kilometer entfernten Elbl g/Elbing, das nahe der Ostseeküste liegt. Den Höhenunterschied von knapp hundert Metern überwinden keine Schleusen, sondern fünf »schiefe Ebenen«: Die Schiffe manövrieren auf einem Plattformwagen, werden von einem über Rollen laufenden Kabel aus dem Wasser gehievt und fahren Huckepack fünfhundert Meter über eine sanft geneigte Rampe. Dann tauchen sie in den nächsten Kanalabschnitt ein, tuckern weiter und werden erneut über Land gezogen. Dabei wissen die Passagiere während ihrer elfstündigen Reise nicht, was sie mehr fasziniert – Masurens verträumte Landschaft oder die Technik der mit Wasserkraft angetriebenen Schiffsseilbahn.

Europa ist das beliebteste Revier für Flusskreuzfahrten, hier verkehrt denn auch die Hälfte der weltweit gut sechshundert Kabinenschiffe. Kein Wunder, denn auf keinem anderen Kontinent gibt es mehr schiffbare Flüsse und auf engem Raum, mehr Sehenswürdigkeiten und abwechslungsreiche Landschaften. Bei den Passagieren dominieren Deutsche, gefolgt von Briten und Amerikanern.

1 Kapitän Ulf Walter (links) auf der Brücke der »Hanseatic«. **2** Das Galadinner hat auf Binnenkreuzern Tradition. **3** Die Lobby mit der Rezeption bildet das Zentrum des Schiffes. **4** Immer mehr Binnenkreuzer haben ein Wellnesscenter. **5** Im Bordrestaurant wird meistens an zugeteilten Tischen zu festen Essenszeiten serviert. **6** Nach dem Abendessen trifft man sich in der Lounge, wo eine Band zum Tanz aufspielt und Gastkünstler auftreten.

Bis zu fünfzig Prozent sind Wiederholer, die ihren Urlaub unter dem Motto »Tagsüber sieht man etwas, am Abend sitzt man in vertrauter Runde zusammen« verbringen.

1928 tuckerte der damals 25-jährige Georges Simenon während sechs Monaten auf seinem Motorboot »Ginette« mit Gattin, Hund, Schreibmaschine und einigen Kilogramm Schreibpapier auf Marne, Rhône und Canal du Midi. Simenon tippte jeden Vormittag dreißig bis vierzig Manuskriptseiten, lieferte zwei Dutzend Kriminalromane ab und äußerte am Ende der Reise, auf dem Wasser habe er »nicht nur ein unbekanntes Frankreich kennengelernt, sondern auch eine unbekannte Welt und ein unbekanntes Leben«. Flussfahren sei »ein Virus. Nie mehr ein Hotel, eine Pension in den Bergen, eine Villa am Meer«.

Kurt Ulrich

Europa

Die Donau ist bei Binnenkreuzfahrern Europas beliebtester Fluss.
In Passau gehen jährlich über 200 000 Passagiere an Bord.

1

2

3

4

»Donau so blau, / Durch Tal und Au«
Vom Schwarzwald bis ins Schwarze Meer

Die Donau, der zweitlängste Wasserlauf des Kontinents nach der Wolga, ist Europas beliebtester Ferienfluss: Geschichtsträchtig, landschaftlich abwechslungsreich und dank dem Walzer »An der schönen blauen Donau« weltweit bekannt.

Am 15. Februar 1867 brachte der Wiener Männergesangsverein eine Komposition für Chor und Klavier, die er beim Walzerkönig Johann Strauß Sohn bestellt hatte, auf einer Faschingsveranstaltung zur Uraufführung: »Wiener seid froh! / Oho! Wieso? / Ein Schimmer des Lichts! / Wir sehn noch nichts! / Der Fasching ist da! / Ah so, na ja.« Obschon das Publikum begeistert applaudierte, fanden die Sänger den Text arg einfältig. Sie bestellten eine neue Version, verwarfen auch diese und zeigten sich erst mit der dritten Fassung zufrieden: »Donau so blau, / Durch Tal und Au, / Wogst ruhig du hin. / Dich grüßt unser Wien!«
Unter dem Titel »An der schönen blauen Donau« wurde die einschmeichelnde Melodie ein Welterfolg und Österreichs inoffizielle Landeshymne. Dabei fließt der Fluss auf seinem knapp dreitausend Kilometer langen Weg vom Schwarzwald ins Schwarze Meer lediglich 350 Kilometer durch Österreich und ist eher braun als blau. Doch nicht zuletzt dank der kostenlosen Werbung im Dreivierteltakt wurde die Donau zum Touristenmagnet.
Einigkeit herrscht darüber, dass keine andere europäische Wasserstraße geschichtsträchtiger und landschaftlich abwechslungsreicher ist. Über ihre Quelle gehen jedoch die Meinungen auseinander. Ist es die Breg bei Furtwangen, wo nur 45 Kilometer vom Rhein entfernt in einer Wiesenmulde eine Bronzetafel verkündet: »Hier entspringt der Hauptquellfluss der Donau«? Oder die unweit von St. Georgen entspringende Brigach, die sich bei Donaueschingen mit der Breg vereinigt? Ungleich repräsentativer, nämlich eingezäunt und mit Statuen geschmückt, gibt sich die dritte Quelle im Schlosspark der Grafen von Fürstenberg in Donaueschingen. Für den Schwarzwälder Volksmund ist allerdings klar: »Brigach und Breg / bringen die Donau zuweg«. Der lokalpatriotische Quellenstreit mag schuld daran sein, dass die Kilometrierung der Donau nicht wie sonst üblich bei der Quelle beginnt. Kilometer null befindet sich beim alten Leuchtturm von Sulina im Donaudelta, wo der mittlere der drei Flussarme ins Meer mündet.

1 Verproviantierung in Passau. **2** Folklore-Show in Budapest. **3** Die «Bellevue« unterwegs auf der Donau. **4** Passau ist der wichtigste Hafen für Donaukreuzfahrten. Die meisten Schiffe verkehren auf der Strecke Passau–Budapest–Passau, nur eine Handvoll fährt bis zum Mündungsdelta.

1

2

3

Passau, das bayerische Städtchen mit südländischem Flair am Zusammenfluss von Inn, Ilz und Donau, an einem Wochenende. Entlang der Uferpromenade liegt hintereinander, vereinzelt auch im Päckchen nebeneinander Kabinenschiff an Kabinenschiff. Am frühen Morgen haben sie festgemacht, sind die Passagiere von Bord gegangen. Auf der »Bellevue« herrscht hektisches Treiben. Decks und Aufbauten werden mit Wasser abgespritzt, die Fenster geputzt, die Betten frisch bezogen, die Teppiche staubgesaugt. Über die Gangway trägt die Mannschaft Kisten mit Cola und Bier, Salat und Kartoffeln ins Schiffsinnere. Am Nachmittag fahren Taxis und Autobusse vor, kommen die Passagiere für die nächste Kreuzfahrt an Bord.

»Leinen los!« Der Kabinenkreuzer legt ab zu seiner Reise durch zehn Länder bis zur Mündung der Donau ins Schwarze Meer – sieben Tage Talfahrt, neun Tage Bergfahrt. Wer auf dem Sonnendeck an der Reling steht, sich auf dem Sonnendeck im Liegestuhl bräunt oder sich im Whirlpool räkelt, sieht zweitausend Jahre europäischer Geschichte an sich vorbeiziehen.

Auf der Donau fuhren römische Legionäre, Attilas Heerscharen und osmanische Armeen flussaufwärts, christliche Kreuzritter und die siebzehnjährige Prinzessin Sisi flussabwärts. Letztere war unterwegs nach Wien zu ihrem Bräutigam, als die kaiserliche Dampfyacht bei Grein leckschlug und die zukünftige Kaiserin ihre Reise auf einem Ersatzschiff fortsetzen musste. An der Donau – ungarisch Duna, bulgarisch Dunav, rumänisch Dunarea, russisch Dunai – metzelten Hunnen die Burgunder nieder, nachzulesen im »Nibelungenlied«, das um 1200 ein unbekannter Passauer Dichter schrieb: »Die da sterben sollten, die lagen all umher; zu Stücken lag verhauen die Königin hehr.« Während eines halben Jahrhunderts bildete der Fluss die Grenze zwischen Kapitalismus und Kommunismus – seit der Ausweitung des Schengener Raums im Jahr 2007 gehört er überwiegend zur Europäischen Union.

Die »Bellevue« passiert Schleusen, senkt das Ruderhaus hydraulisch ab, um niedrige Brücken zu unterqueren, und erreicht in einer nahezu unberührten Landschaft die Schlögener Schlinge in Oberösterreich. Kurz nacheinander vollzieht die Donau zwei abrupte Richtungswechsel um fast 180 Grad. Das Tal weitet sich, von Melk bis Dürnstein fährt der Kabinenkreuzer durch die Ansichtskartenlandschaft der Wachau mit Rebbergen und Winzerdörfern, Burgen und Klöstern. Auf einem Felsvorsprung thront hoch über dem Fluss das barocke Benediktinerstift Melk. Ein imposanter, von einer Kuppel und zwei Türmen überragter Bau, in dem

Umberto Ecos Roman »Der Name der Rose« beginnt und endet. Der Ich-Erzähler, der betagte Mönch Adson von Melk, sitzt in seiner Zelle, um »diesem Pergament die denkwürdigen und entsetzlichen Ereignisse anzuvertrauen, deren Zeuge zu werden mir in meiner Jugend einst widerfuhr«. Der mittelalterliche Krimi mit dem Franziskanermönch William von Baskerville und dem jungen Adlatus Adson wurde als Roman und Film ein Welterfolg.

Dürnstein, die »Perle der Wachau«, ist ein hübsches, auf drei Seiten von Weinbergen umgebenes Städtchen – die kopfsteingepflasterte Hauptgasse autofrei, am Ufer eine blauweiße Barockkirche, auf einem Hügel dahinter eine Burgruine. Wie Melk ist auch Dürnstein in die Literatur eingegangen. Im November 1805 kam es zur Schlacht von Dürnstein zwischen Napoleon und einem österreichisch-russischen Heer. Obschon sich die Franzosen geschlagen geben mussten, steht »Durrenstein« auf der Liste napoleonischer Siege am Pariser Arc de Triomphe. Im Roman »Krieg und Frieden« hat Leo Tolstoi der Schlacht mehrere Seiten gewidmet.

In der slowakischen Hauptstadt Bratislava, dem einstigen Pressburg, machen die »Bellevue«-Passagiere ihren ersten Landgang – die einen im Schlepptau einer Stadtführerin, die anderen auf eigene Faust. Sie entdecken eine autofreie Altstadt mit engen Gassen, barocken Adelspalais und zahlreichen Straßencafés. Immer wieder begegnen sie kuriosen Bronzegestalten: Der »Schöne Náci« zieht freundlich seinen Hut, der »Gaffer«, dessen Kopf aus einem Gullyschacht ragt, schaut verschmitzt den Frauen unter die Röcke, ein napoleonischer Offizier lehnt sich sinnierend an eine Bank.

1 Im Hintergrund das barocke Benediktinerstift Melk. Hier beginnt Umberto Ecos mittelalterlicher Krimi »Der Name der Rose«. **2** Blick von der Burgruine Aggstein auf die Donau. **3** Das auf drei Seiten von Weinbergen umgebene Städtchen Dürnstein nennt sich »Perle der Wachau«.

Vor Bahn und Auto war die Donau der wichtigste Verkehrs- und Handelsweg im östlichen Europa. Bis ins frühe 19. Jahrhundert blieben die Bergfahrten ein ungelöstes Problem – »Wegwerfschiffe« waren daher die Regel. Hatte ein Schiff auf der Talfahrt seinen Bestimmungsort erreicht, wurde es zerlegt und das Holz als Bau- und Heizmaterial verkauft. Um 1800 deckte Wien drei Viertel seines Holzbedarfs mittels ausgedienter Schiffe. 1829 fand die Gründungsversammlung der Ersten Donau-Dampfschifffahrts-Gesellschaft statt, die sich abgekürzt DDSG nannte und später den pompösen Namen Erste kaiserlich-königlich privilegierte Donau-Dampfschifffahrts-Gesellschaft trug. Ein Jahr danach nahm

2

3

1 und **2** Kein Passagier, der in Wien nicht individuell oder organisiert Sightseeing macht. Besonders beliebt sind das Riesenrad im Prater und das Schloss Schönbrunn mit seinem Park. **3** Die Kettenbrücke in Budapest. **4** Das Café Gerbeaud in Budapest besteht seit 1870.

die »Franz I.« den fahrplanmäßigen Verkehr von Wien nach Pest, das sich erst 1872 mit Buda vereinigte, auf. In ihrer Glanzzeit war die DDSG mit 201 Dampfschiffen die größte Binnenreederei der Welt. An die alten Zeiten erinnert Peter Igelhoffs Schlager mit dem zungenbrecherischen Titel »Donaudampfschifffahrtsgesellschaftskapitän«: »Kein Lied war je so schön als das vom Donaudampfschifffahrtsgesellschaftskapitän. / Er fährt die Donau lang, und alle Mädels, die ihn seh'n, werden liebeskrank. / Er muss von Ort zu Ort, bei keiner kann er bleiben. / Und wegen dem langen Wort will ihm auch keine schreiben.«
Kreuzfahrten auf der Donau kamen erst nach dem Zweiten Weltkrieg in Mode. Zu den ersten Anbietern gehörten die Russen, die Schiffsreisen »Von den Alpen zum Schwarzen Meer« zu Dumpingpreisen durchführten – die Devisentouristen bezahlten für einen

doppelten Wodka lediglich 77 Pfennig. Heute sind auf dem Fluss über hundert Kabinenschiffe unterwegs, die meisten verkehren auf der Rennstrecke Passau–Budapest, nur wenige bis zum Schwarzen Meer.

Die »Bellevue« macht im serbischen Novi Sad (deutscher Name: Neusatz) fest, dessen größte Touristenattraktion die vom französischen Militärarchitekten Vauban gebaute Festung Petrovaradin (Peterwardein) ist. Heute dient sie friedlichen Zwecken, sind hinter dicken Mauern Restaurants und Bars, Ateliers für Maler und Bildhauer untergebracht. Der Uhrturm irritiert, denn der längere Zeiger zeigt die Stunden, der kürzere die Minuten an. Nach einer vierstündigen Fahrt gehen die Passagiere in Serbiens Hauptstadt Belgrad auf Landgang – teils im Bus von Sehenswürdigkeit zu Sehenswürdigkeit fahrend, teils in der lang gezogenen Fußgängerzone mit Modeboutiquen und Handy-Shops, Kneipen und Straßencafés flanierend. Hinter Belgrad wird die Donau breiter, die Landschaft hügelig. Dann ragt vor dem Schiffsbug eine Bergkette auf, beginnt der dramatischste Abschnitt einer Donaufahrt – das »Eiserne Tor«, der Durchbruch durch die südlichen Karpaten, hun-

1

2

dert Kilometer lang und damit Europas längste Schlucht. Bis weit in das 20. Jahrhundert war sie der Albtraum jedes Schiffsführers – gefürchtet wegen starker Strömungen, Sandbänken und Unterwasserfelsen.

Erst 1972 haben Jugoslawien und Rumänien gemeinsam einen sechzig Meter hohen Damm mit einem Wasserkraftwerk und zwei Doppelschleusen gebaut, die Donau gestaut und die gefährliche Stelle entschärft. Aber eine Fahrt durch das »Eiserne Tor« ist noch immer spektakulär: Beiderseits des an der schmalsten Stelle nur 150 Meter breiten Flusses sind die Felswände bis dreihundert Meter hoch. Am rumänischen linken Ufer steht ein kleines Kloster, ist der Kopf des Drakerkönigs Decebal riesengroß aus dem Fels gehauen, am serbischen rechten Ufer erinnert eine Marmortafel an den römischen Kaiser Trajan, der vor zweitausend Jahren eine Straße durch die Schlucht bauen ließ.

Nach dem Gebirgsdurchbruch fährt die »Bellevue« auf der wieder breit dahinfließenden Donau und legt im bulgarischen Russe an, das sich einst »Klein-Wien« nannte. Die repräsentativen Bürgerhäuser und barocken Adelspalais präsentieren sich farbenfroh, die Boulevards laden zum Bummeln ein, die Parkanlagen sind gepflegt. Der Canetti-Platz ehrt den in Russe aufgewachsenen Schriftsteller

3

1 Rumänisches Kloster im Eisernen Tor. **2** Die Fahrt durch das Eiserne Tor ist spektakulär. **3** Absacker auf dem Sonnendeck. **4** Am Ausgang des Eisernen Tors staut eine 55 Meter hohe Mauer die Donau. Das Großbauwerk reguliert den Fluss und dient der Stromgewinnung. **5** und **6** Auf Liegestühlen sonnen sich Passagiere, am linken Donauufer Rumänen.

und Nobelpreisträger Elias Canetti (1905–1994), dessen Geburtshaus nur ein paar Hundert Meter entfernt in der General-Gurko-Straße 13 steht. Im rumänischen Tulcea steigen die Passagiere in ein Ausflugsschiff, um eine Fahrt auf den Kanälen und Donau-Seitenarmen des Deltas zu unternehmen. Ihre Erwartungshaltung ist groß, schwärmen doch die Reiseführer von einem »einzigartigen Naturparadies« mit über dreihundert Vogelarten. Doch vor dem Motorenlärm nehmen alle Reißaus. Die Reiseleitung muss das geahnt haben, in einem Informationsblatt hatte sie gewarnt: »Es besteht keine Garantie auf Tierbeobachtungen«.
Der Binnenkreuzer geht auf Bergfahrt, der nächste Ausflug führt auf einer holprigen Straße, vorbei an unbewirtschafteten Äckern, Feldern und Weinbergen, nach Rumäniens Hauptstadt Bukarest. Es ist Liebe auf den zweiten Blick, die Stadt irritiert mit ihrem Durcheinander von Fin-de-Siècle-Palästen, Häusern im Bauhaus-Stil, stalinistischer Zuckerbäckerarchitektur und sozialistischen

1 Gemächlich fließt die Donau meerwärts. **2** Am Ostufer ragt überlebensgroß der aus Stein gehauene Kopf des Drakerkönigs Decebal hoch. **3** In Bukarest dokumentiert ein Freilichtmuseum Rumäniens ländliche Architektur.

Plattenbauten. Beim Fotostopp vor Ceauşescus monströsem »Haus des Volkes«, das jetzt Sitz des Parlaments ist, erklärt die Stadtführerin, es sei das zweitgrößte Gebäude der Welt, übertroffen nur vom Pentagon in Washington. Die nächsten zwei Tage sind Flusstage, die »Bellevue« fährt nonstop bis Budapest. Auf dem Sonnendeck schreiben die Passagiere Ansichtskarten, spielen Shuffleboard oder brüten über Sudokus. In der Lounge gibt es nachmittags Kaffee und Kuchen, wird Bingo gespielt und nach dem Abend zur Musik eines Alleinunterhalters getanzt.

An Wien fließt die Donau in einem Kanal vorbei und zeigt Österreichs Hauptstadt die kalte Schulter, in der ungarischen Metropole Budapest prägt sie das Stadtbild – rechts Buda, der Burgberg mit Matthiaskirche, Fischerbastei und schmalen Gassen, links das Parlament, die Boulevards und das jüdische Quartier um die Große Synagoge. Das Schiff macht zwischen Ketten- und Petöfi-Brücke unweit der Zentralen Markthalle fest – ein idealer Liegeplatz für Stadtspaziergänge. Zum Beispiel auf der touristischen Váci-Straße zum traditionsreichen, 1870 eröffneten Café Gerbeaud am Vörösmarti-Platz. Es trägt den Namen seines langjährigen Besitzers, des Schweizer Konditors Emil Gerbeaud, an den rechts vom Eingang eine kleine Wilhelm-Tell-Statue erinnert. Oder auf der von Bäumen gesäumten Andássy-Straße, vorbei an Staatsoper und Liszt-Museum, zum Heldenplatz. Im Stadtwäldchen nebenan lässt Schloss Vajdahunyad keinen Baustil von der Romanik bis zum Barock aus, unweit davon sitzen im Széchenyi-Thermalbad, selbst im Winter, Schachspieler bis zum Hals im warmen Wasser der Freibecken.

Wien ist die letzte Station der Reise. Wer nicht eine Stadtrundfahrt gebucht hat, fährt mit der Straßenbahn zum Shopping in der Kärntnerstraße, mietet sich ein Fahrrad oder spaziert auf Beethovens Spuren durch Nussdorf und trinkt danach, unter Kastanienbäumen auf den harten Holzbänken eines Gartenlokals sitzend, einen Heurigen. Anderntags ist die Donaureise nach 3852 Kilometern in Passau zu Ende. Man tauscht Visitenkarten aus, verteilt Trinkgelder, verabschiedet sich von den dienstbaren Geistern und reimt im Gästebuch: »Der Abschied von der »Bellevue«, / Der kommt für uns viel zu früh! / Wir wären gern noch geblieben, / Weil wir euch hier alle lieben.«

Zeit für die Donau

MS »Bellevue«

Der 2006 auf der Neptun-Werft in Rostock gebaute Binnenkreuzer gehört zu einer neuen Generation von Flussschiffen mit einem innovativen, Twin Cruiser genannten Konzept. Das Schiff besteht aus zwei Elementen: Der Motor befindet sich in der 25 Meter langen Schubeinheit, die durch Verstrebungen mit dem 110 Meter langen Hotelteil verbunden ist. Dadurch spüren die 194 Passagiere Motorengeräusche und Vibrationen deutlich weniger. 92 der 97 Kabinen verfügen über einen Französischen Balkon, Restaurant und Lounge sind vom Boden bis zur Decke verglast, was einen Panoramablick auf drei Seiten erlaubt. Das Sonnendeck mit einem Whirlpool misst beachtliche 650 Quadratmeter. Es gibt ein Wiener Café, eine Sauna und einen Fitnessraum. Bordsprache ist Deutsch.
Informationen im Internet: www.transocean.de

Premicon AG

Die Beteiligungsgesellschaft mit Sitz in München investiert unter anderem in Fluss- und Hochseekreuzfahrten. Sie ist Besitzerin der Premicon Line und hat 2009 mit dem Bremer Kreuzfahrtveranstalter Transocean Tours – heute Transocean Kreuzfahrten – auch die »Bellevue« übernommen.
Informationen im Internet: www.premicon.de

Beste Reisezeit Frühling bis Herbst

Informationen im Internet auf www.danube-river.org, der Website der Werbegemeinschaft Donau mit Infos, Karten und Links.

Literatur zur Einstimmung

Lothar-Günther Buchheim, Tage und Nächte steigen aus dem Strom – eine Donaufahrt
Elias Canetti, Die gerettete Zunge – Geschichte einer Jugend
Péter Esterházy, Donau abwärts
Ödön von Horváth, Geschichten aus dem Wiener Wald
Claudio Magris, Donau – Biographie eines Flusses
Bernhard Setzwein, Die Donau – eine literarische Flussreise von der Quelle bis Budapest
Jules Verne, Der Pilot von der Donau (»Le beau Danube jaune«)

Länge 2845 bzw. 2888 km
Quellen Donaueschingen bzw. Furtwangen
Mündung beim Sulima ins Schwarzes Meer
Schiffbar bis Ulm

Deutschland

Favorit unter den deutschen Flüssen ist der Rhein, besonders der Romantische Rhein zwischen Koblenz und Rüdesheim mit dem Loreleyfelsen.

1

2

3

4

»Einmal am Rhein ...«

Verkehrsträger, Mythos und Touristendestination

Der Rhein ist mehr als nur der wichtigste Verkehrsweg zwischen Alpen und Nordsee. Am Rhein sind Sagen geboren und Kriege geführt worden, haben sich Völker vermischt und Künstler inspirieren lassen. Hier stehen Dome und Atomkraftwerke, liegen Großstädte und Weindörfer.

»Der Rhein vereinigt alles. Er ist schnell wie die Rhône, breit wie die Loire, eingeschlossen wie die Mosel, gewunden wie die Seine, klar und grün wie die Somme, geschichtlich wie der Tiber, königlich wie die Donau, geheimnisvoll wie der Nil, goldbesät wie die Ströme Amerikas, bedeckt mit Sagen und Geistern wie ein asiatischer Fluss.« Kein deutscher Autor hat die Faszination des Rheins bildhafter formuliert als Victor Hugo, Verfasser von Erfolgsromanen wie »Die Elenden« und »Der Glöckner von Notre-Dame«.
Die ersten Rheinreisenden waren betuchte Engländer, die auf ihrer Bildungstour durch Europa die Gebirgslandschaft am oberen Mittelrhein mit den zahlreichen Burgen und Burgruinen »romantic« fanden. Damit war die Rheinromantik geboren. Deutsche Dichter entwickelten eine neue Landschaftsästhetik – unverfälschte Natur und das Mittelalter bildeten in dieser Sicht eine Einheit. Das verklärte die Vergangenheit, schmeichelte dem nationalen Selbstgefühl und ließ Max Schneckenburger in »Die Wacht am Rhein« poltern: »Es braust ein Ruf wie Donnerhall, / Wie Schwertgeklirr und Wogenprall: / Zum Rhein, zum Rhein, zum deutschen Rhein!«
Heinrich von Kleist fand friedlichere Töne: »Ach, das ist eine Gegend, wie ein Dichtertraum, und die üppigste Phantasie kann nichts Schöneres erdenken als dieses Tal.«
Nach den Bildungsreisenden und Dichtern kamen die Touristen. 1827 verkehrten die ersten Raddampfer im Linienverkehr, acht Jahre später publizierte der Koblenzer Karl Baedeker mit »Rheinreise von Basel bis Düsseldorf« seinen ersten Reiseführer. Baedeker informiert: »Die Verpflegung auf den Schiffen wird von den besten Gasthöfen nicht übertroffen, auch die Preise sind verhältnismäßig nicht zu teuer«, und beschreibt die Sehenswürdigkeiten am Rheinufer.
Seit 2002 steht der Rhein zwischen Koblenz im Norden und Rüdesheim im Süden »als eine Kulturlandschaft von großer Vielfalt

1 Die Burg Katz in St. Goarshausen. **2** Auf der »Premicon Queen« können Passagiere zwischen neun verschiedenen Teesorten wählen. **3** Siegfried's mechanisches Musikkabinett in Rüdesheim ist eine einmalige Sammlung selbstspielender Musikinstrumente aus drei Jahrhunderten. **4** In Assmannshausen wird seit dem 12. Jahrhundert Rotwein gekeltert.

1 Sonnendeck der »Premicon Queen«. **2** Das Fünf-Sterne-Schiff verwöhnt seine Suitenpassagiere mit einem Butler-Service. **3** Das Bordrestaurant ist großzügig verglast. **4** Die Lobby erstreckt sich über zwei Decks. **5** Bacharach besitzt schöne Fachwerkhäuser aus dem 17. und 18. Jahrhundert.

und Schönheit« auf der Liste des UNESCO-Welterbes. Zwar sind es lediglich 67 von 1235 Stromkilometern, doch sie repräsentieren eben den »romantischen« Rhein. Werbewirksam als Tal der Loreley vermarktet, bildet er den Höhepunkt jeder Kreuzfahrt auf dem »Vater Rhein«.

Unter den vielen Kabinenkreuzern, die auf dem Rhein verkehren, nimmt die »Premicon Queen«, ein TwinCruiser der zweiten Generation, eine Sonderstellung ein: Sie ist das einzige Fünf-Sterne-Plus-Schiff und bietet einen bislang unbekannten Luxus. Jedem der 102 Passagiere, die von einer 58-köpfigen Crew betreut werden, stehen 45 Quadratmeter zur Verfügung. Ein Butler verwöhnt die Kreuzfahrer, die eine der vier Suiten gebucht haben. Wenn er das Frühstück auf dem Balkon serviert, liegt auch die vom Passagier bevorzugte Tageszeitung auf dem Tablett. Unaufgefordert bringt er die Schuhe auf Hochglanz, erneuert das Blumenarrangement und stellt am Spätnachmittag einen Teller mit Appetithäppchen auf den Tisch.

Das schwimmende Luxushotel fährt bergwärts, begegnet Containerschiffen und der »Goethe«, dem letzten Raddampfer auf dem Rhein. Beim Flusskilometer 593 in Koblenz signalisiert die hoch über der Stadt gelegene Festung Ehrenbreitstein, ein preußisches Fort aus dem frühen 19. Jahrhundert, dass hier die spektakuläre Strecke beginnt. Nullpunkt der Flusskilometer ist übrigens die alte Rheinbrücke in Konstanz. Danach gibt am Ufer eine schwarze Zahl auf einer weißen Tafel die zurückgelegten Kilometer an.

Das Tal wird enger, die Hänge werden steiler. Auf dem schmalen Uferstreifen liegen Weindörfer, darüber die Weinberge. Und immer wieder Burgen und Burgruinen, Schlösser und Festungen – auf 67 Kilometern sind es vierzig, eine weltweit einzigartige Burgendichte. In der Marksburg bei Braubach taucht der Besucher wie in keiner anderen Rheinburg ins Mittelalter ein. Er betritt sie über eine Zugbrücke, besichtigt Rittersaal, Küche, Schmiede, Pferdestall und Folterkammer. Burg Ehrenfels bei Rüdesheim ist eine

5

Ruine, Burg Stahleck in Bacharach eine Jugendherberge, die Festung Rheinfels bei St. Goar teils Museum, teils Luxushotel mit Panoramablick ins Rheintal. Burg Katz in St. Goarshausen gehört einem Japaner, in der benachbarten Burg Maus steigen Adler, Falken und Milane zu Flugdemonstrationen auf. Kaub besitzt gleich zwei Burgen: hoch über dem Städtchen die Burg Gutenfels, auf einer Insel im Rhein die einstige Zollstation Burg Pfalzgrafenstein. Die drei Burgen, die dem Klischeebild einer mittelalterlichen Burg am nächsten kommen, sind indes Um- oder Neubauten im romantisierten Stil des 19. Jahrhunderts. Der preußische Prinz Friedrich Ludwig zeigte sich von der Rheinlandschaft so begeistert, dass er die völlig heruntergekommene Burg Rheinstein kaufte, die sich bei Trechtingshausen auf einem neunzig Meter hohen Felssporn erhebt. Der Berliner Architekt Karl Friedrich Schinkel schuf einen Neubau, der die mittelalterlichen Reste einbezog. Burg Stolzenfels war eine Ruine, die Kronprinz Friedrich Wilhelm – der spätere König Friedrich Wilhelm IV. – von der Stadt Koblenz geschenkt bekam. Erneut wurde Schinkel beauftragt, die originalen Reste zu restaurieren und als Wohnbereich eine Burg im englischen Tudor-Stil zu bauen. Sie diente dem Hohenzoller als Sommerresidenz. Auch Burg Sooneck in Niederheimbach war verfallen, als sie vier preußische Prinzen erwarben und zum Jagdschloss umbauen ließen. Dabei blieben die alten Mauern erhalten, sodass Sooneck das nahezu authentische Bild einer mittelalterlichen Burganlage bietet. Die einstigen Hohenzollern-Burgen stehen heute Besuchern offen. Beim Flusskilometer 555, wo der Rhein lediglich 130 Meter breit ist, erhält die »Premicon Queen« leichte Schlagseite. Alles lehnt sich mit Kameras und Ferngläsern an die Steuerbordreling – querab ragt der Loreleyfelsen 125 Meter in die Höhe. Die Stewards servieren Champagner, die Sängerin der Bordband intoniert Heinrich Heines von Friedrich Silcher in Noten gesetztes Loreley-Lied:

Ich weiß nicht, was soll es bedeuten,
Dass ich so traurig bin;
Ein Märchen aus alten Zeiten,
Das kommt mir nicht aus dem Sinn.
(...)

1 Beim Flusskilometer 555 fotografieren alle den Loreleyfelsen. **2** Kaub mit den Burgen Gutenfels (oben) und Pfalzgrafenstein (unten). **3** Die blonde Maid Loreley. **4** St. Goarshausen liegt am Fuß des Loreleyfelsens. **5** Rüdesheims größte Attraktion ist die Drosselgasse mit ihren Weinlokalen und Biergärten.

Die schönste Jungfrau sitzet
Dort oben wunderbar;
Ihr goldnes Geschmeide blitzet,
Sie kämmt ihr goldenes Haar.
Sie kämmt es mit goldenem Kamme
Und singt ein Lied dabei;
Das hat eine wundersame,
Gewaltige Melodei.

Millionen begeisterte Touristen fahren jährlich auf Ausflugs- und Kabinenschiffen am legendären Felsen vorbei, geschätzte 80 000 pilgern zu jenem Ort, wo die blonde Maid mit ihrem Gesang die vorbeifahren den Schiffer derart betörte, dass diese pflichtvergessen zu ihr hochschauten und prompt Schiffbruch erlitten. Ihre letzten Opfer fand sie im September 2003, als das Fahrgastschiff »Loreley« den Felsen rammte. 41 Passagiere wurden verletzt, drei davon schwer.

4

5

Auf dem Plateau sind oft Japaner und Koreaner anzutreffen, die sich gegenseitig fotografieren und das Heine-Gedicht akzentfrei auf Deutsch rezitieren. Unter Bäumen steht eine steinerne Loreley, dahinter befinden sich ein Biergarten, ein Hotel und eine Freilichtbühne, wo vor einigen Jahren das Musical »Lorley« gespielt wurde. Allerdings: kein Hauch von Romantik. Im Tal rattern ICEs, Güterzüge und Lastwagen vorbei, Kampfjets eines nahe gelegenen amerikanischen Fliegerhorsts donnern über den Rhein. Doch die Aussicht auf Fluss, St. Goar, St. Goarshausen und die Burg Katz ist berückend schön.

Flusskilometer 526, Rüdesheim, das südliche Tor der Welterbestrecke. Am Ufer hat ein halbes Dutzend Kabinenschiffe festgemacht, auf der Uferpromenade wird flaniert, weist ein aus Holz geschnitzter Wegweiser auf die Top-Attraktion des Städtchens hin: die 144 Meter lange und drei Meter breite, von Weinlokalen und Souvenirshops flankierte Drosselgasse. Hier drängen sich von Mittag bis Mitternacht Menschenmassen. Die Läden überbordend vor Kitsch, in den Lokalen und Biergärten wird musiziert, getrunken, geschunkelt, getanzt und gesungen: »Einmal am Rhein, und dann zu zwein alleine sein. Einmal am Rhein, beim Gläschen Wein beim Mondenschein« oder »Warum ist es am Rhein so schön? Weil die Mädchen so lustig und die Burschen so durstig, darum ist es am Rhein so schön«.

Der Rhein hat nicht nur Texter und Komponisten von Schunkelliedern inspiriert. Robert Schumanns Dritte Sinfonie, in Düsseldorf komponiert und daher »Rheinische Sinfonie« genannt, beschreibt den Fluss nicht tonmalerisch wie Friedrich Smetana die Moldau. Einzig im zweiten Satz, der den Charakter eines Ländlers hat, glaubt man das Rauschen der Wellen zu hören. In Richard Wagners vierteiligem Musikdrama »Der Ring des Nibelungen« spielt der Rhein eine dominierende Rolle. Im Vorspiel zu »Das Rheingold« schwimmen drei Rheintöchter in der Tiefe des Flusses und singt Woglinde stabreimend: »Weia! Waga! Woge, du Welle, / walle zur Wiege! Wagalaweia! / Wallala, Weiala weia!« In der »Götterdämmerung« ist Siegfried auf dem Rhein unterwegs, bevor ihn Hagen mit seinem Speer durchbohrt.

Es wäre ungerecht, Rüdesheim mit Drosselgasse und Massentourismus gleichzusetzen. Wer seinen Wein ohne Jubel, Trubel, Heiterkeit trinken möchte, findet in den Nebengassen Straußwirtschaften: Winzer hängen ein »Sträußchen« über die Tür, stellen in der Garage oder im Vorgarten ein paar Tische und Bänke auf und schenken ihre jungen Weine aus.

1 Shuffleboard auf der »Premicon Queen«. **2** Baupläne und Fotos historischer Dampfer dekorieren den »Club«. **3** Das Schiff setzt neue Maßstäbe in der Binnenkreuzfahrt. Die 106 Passagiere werden von einer 60-köpfigen Crew betreut. **4** Das Schafzimmer der vier 30 Quadratmeter großen Suiten.

Der Brömserhof am oberen Ende der Drosselgasse, ein Fachwerkbau aus dem 15. Jahrhundert mit einem neugotischen Turm, war einst Sitz eines Rüdesheimer Rittergeschlechts. Heute befindet sich in den alten Räumen »Siegfried's Mechanisches Musikkabinett«, eine einzigartige Sammlung von über 350 selbstspielenden Musikinstrumenten aus drei Jahrhunderten. Siegfried Wendel, der sich beharrlich nur Siegfried nennt, hat sie gesammelt, renoviert und lässt sie bei seinen Führungen spielen. Es ist eine nostalgisch-vergnügte Reise in die Vergangenheit, als Jukebox, LP und CD noch nicht erfunden waren. Eine Jahrmarktsorgel schmettert »Alte Kameraden«, eine metallene Schallplatte mit 85 Zentimetern Durchmesser spielt den »Radetzky-Marsch«. Mechanische Finger lassen fünf Violinen erklingen. Im »Automaten-Orchestrion« musizieren 27 Puppen. Aus einer Schmucktabakdose hüpft ein kleiner Vogel, trillert und flattert mit den Flügeln. »Datenspeicher« der selbstspielenden Musikinstrumente waren bestiftete Walzen oder perforierte Kartonstreifen.

Das zweihundert Meter über Rüdesheim gelegene Niederwalddenkmal erinnert an die Gründung des neuen Deutschen Reiches nach dem Deutsch-Französischen Krieg 1870/71. Eine 12,40 Meter hohe und 32 Tonnen schwere Germania hält in der rechten Hand die Kaiserkrone hoch und stützt sich mit der linken auf ein Schwert. Wem die Monumentalstatue keine vaterländischen Gefühle weckt, dreht ihr den Rücken zu und genießt den Blick auf Rebberge, Rhein und ein halbes Dutzend Burgen. Schon Karl Baedeker schwärmte in seinem ersten Reiseführer von der Aussicht: »Der breite Fluss durchzieht die reizende Landschaft, zahlreiche Auen steigen aus ihm auf. Die Ufer, insbesondere das rechte, sind mit Dörfern, Landhäusern und Wohnungen übersät.« Er warnte auch: »Die Mehrzahl der Reisenden ist der Meinung, dass man die Schönheiten des Rheins gesehen hat, wenn man auf Dampfboot oder Eisenbahn flüchtig auf- und abgefahren sei. Es kann nicht oft genug wiederholt werden, dass keine Meinung irriger ist als diese.«

Zeit für den Rhein

MS »Premicon Queen«

Die Beteiligungsgesellschaft Premicon AG, die unter anderem in Fluss- und Hochseekreuzfahrten investiert, hat 2007 die Premicon Line gegründet und ist mit der »Premicon Queen« auch Reiseveranstalter. Das Fünf-Sterne-Plus-Schiff präsentiert sich elegant und reich verglast. Es gibt drei Kategorien von Suiten: Junior (18 Quadratmeter) und Deluxe (22 Quadratmeter) mit zwei bodentief verglasten Panorama-Fenstertüren vor dem Französischen Balkon. Die Queen-Suiten sind 30 Quadratmeter groß, eine Schiebetür trennt den Schlaf- vom Wohnbereich, der über einen Balkon verfügt. Es gibt drei Flatscreens, einer davon im Spiegel des Badezimmers. Die »Theatron« genannte Lounge mit Blick über den Bug ist auf drei Seiten vom Boden bis zur Decke verglast, der Speisesaal befindet sich in der Schubeinheit, die mit dem Hotelbereich fest verbunden ist. Im Restaurant mit freier Tischwahl und ohne feste Essenszeiten berät ein Sommelier bei der Wahl des Weins, im Humidor der Raucherlounge lagern Cohibas, Montecristos und Romeo y Julietas. Die »Premicon Queen« unternimmt auf dem Rhein sechstägige Kreuzfahrten ab Köln, ist auf dem Rhein-Main-Donau-Kanal unterwegs und macht Donaukreuzfahrten zwischen Regensburg und Budapest. Informationen in der Broschüre »Premicon Queen – die Reise Ihres Lebens« und im Internet: www.premiconqueen.de

Beste Jahreszeit Frühling bis Herbst

Literatur zur Einstimmung

Andreas Berchtold, Reisewege: Der Rhein
Alexandre Dumas, Eine Reise an die Ufer des Rheins im Jahr 1838
Lucien Febvre, Der Rhein und seine Geschichte
Michael Fuhr/Heinz Straeter, Wer will des Stromes Hüter sein? 40 Burgen und Schlösser am Mittelrhein
Bertram Kircher (Hrsg.), Der Rhein in Sagen, Mythen und Märchen
Christian Graf von Krockow, Die Rheinreise
Helmuth J. Schneider (Hrsg.), Der Rhein. Seine poetische Geschichte in Texten und Bildern
Horst Johannes Tümmers, Der Rhein. Ein europäischer Fluss und seine Geschichte

Länge 1235 km
Quelle beim Oberalppass im Schweizer Kanton Graubünden
Mündung beim niederländischen Hoek van Holland in die Nordsee
Schiffbar bis Rheinfelden bei Basel

1

2

3

4

Die Mosel – Wein, Burgen, Fachwerk

Eine Fahrt mit der »Excellence Royal«

Die Mosel entspringt in den Vogesen, fließt durch Frankreich und Deutschland und mündet nach 520 Kilometern in Koblenz in den Rhein. Dafür nimmt sie sich viel Zeit, denn die Luftlinie zwischen Quelle und Mündung beträgt lediglich 279 Kilometer.

»Die vielen Ortschaften zu beiden Seiten geben den muntersten Anblick, der Weinbau, überall sorgfältig gepflegt, lässt auf ein heiteres Volk schließen«, notierte Goethe 1792 nach einer Fahrt auf der Mosel. Rudolf G. Binding schreibt in seiner Novelle »Moselfahrt aus Liebeskummer« (1932): »Wo am Rhein Verkehr, Schiffahrt, Industrie sich zeigen und zu gewaltigem Bilde steigern, wechseln im Moseltal Weindorf und Weinberg in unaufhörlichen Schattierungen, Eigentümlichkeiten und Überlieferungen.« Heute ist die Mosel eine viel befahrene Wasserstraße, das Tal zwischen Eifel und Hunsrück ein beliebtes Reiseziel. Doch der Charme der von Weinbergen geprägten Landschaft mit ihren Winzerdörfern, Burgen und Deutschlands ältester Stadt, dem um das Jahr 16 v. Chr. gegründeten Trier, ist geblieben.
Am fünften Tag ihrer Binnenkreuzfahrt auf Main und Rhein biegt die »Excellence Royal« beim Deutschen Eck in Koblenz in die Mosel ein, vorbei am Kaiser-Wilhelm-Denkmal. Eine erste Schleuse, danach ein Yachthafen und später terrassierte, steil aufragende Weinberge und alle paar Kilometer ein Winzerdorf mit Fachwerkhäusern, die sich um eine Kirche scharen.
Am rechten Ufer steht hoch über dem Dorf Alken die Burg Thurant, die erste von zwanzig Burgen, Burgruinen und Schlössern an der Mosel. Sie sieht auch als Ruine imposant aus und hat eine kuriose Geschichte: Einst teilten sich die Erzbischöfe von Trier und Köln in die Anlage, der Kölner besaß die linke, der Trierer die rechte Hälfte. Jede hatte eigene Wohngebäude und einen eigenen Turm. Heute ist die Burg Thurant ein Gasthaus. Kurz vor Moselkern fließt am linken Ufer der Elzbach in die Mosel, ragt im Elztal – leider vom Schiff aus nicht zu sehen – die Burg Eltz zwischen Bäumen hoch. Sie befindet sich seit 33 Generationen im Besitz der Grafen zu Eltz, schmückte einst die 500-DM-Note und ist der Glücksfall einer perfekt erhaltenen mittelalterlichen Burg mit einer Vielzahl von Giebeln, Türmchen, Erkern und Schornsteinen.

1 Im Ruderhaus navigiert der Kapitän das Kabinenschiff auf der windungsreichen Mosel. **2** Im September lockt das Weinfest von Bernkastel-Kues eine Million Besucher an. **3** Die Replik eines steinernen römischen Weinschiffs in Trier. **4** Blick von der Reichsburg auf Cochem.

1 Weinkenner schätzen die in Ürzig produzierten Spitzenweine. **2** Seit dem Jahr 2010 unternimmt statt der »Excellence« die weitgehend baugleiche »Excellence Royal« Kreuzfahrten auf der Mosel. **3** Fast an jeder Straßenecke steht in Cochem eine Kellerei oder ein Weinlokal.

Nach einer Flussbiegung taucht vor dem Bug der »Excellence Royal« die nächste Burg auf, die »Reichsburg«, das Wahrzeichen von Cochem, das sich gern »Perle der Mosel« nennt. Sie wurde um das Jahr 1000 auf einem Hügel hoch über der Stadt erbaut, im 17. Jahrhundert durch französische Truppen zerstört, in der zweiten Hälfte des 19. Jahrhunderts vom steinreichen Berliner Unternehmer Louis Ravené für lediglich dreihundert Goldmark gekauft und im Geschmack der Zeit neu gebaut. Entstanden ist eine Bilderbuchburg, die dem Berliner als Sommerresidenz diente. Seit 1978 ist sie in städtischem Besitz, sind die pseudogotischen Räume – unter anderem ein Jagd- und ein Kaminzimmer – ein Besuchermagnet. Auch wer mit dem Stilgemisch nichts anfangen kann, zeigt sich begeistert vom Blick auf Cochem und Mosel.
Zwischen Koblenz und Cochem fließt die Mosel in sanften Windungen, die nächsten achtzig Kilometer bis Bernkastel-Kues legt sie in mal engen, mal lang gezogenen Schlingen zurück. Ein schmuckes Winzerdorf folgt dem anderen, überraschend viele haben einen einsilbigen Namen: Alf, Bremm, Mel, Nee, Kröv. Letzteres ist die Heimat der »Kröver Nacktarsch«-Weine. Sprachwissenschaftler sind sich einig, dass der Name nichts mit der menschlichen Anatomie zu tun hat, streiten sich aber über seine Herkunft. Eine Verballhornung des Göttertranks Nektar? Vom keltischen Wort »nackars« für felsiger Hang? Das Städtchen Ediger nennt sich »Rothenburg der Mosel«. Eller rühmt sich, die steilste Weinlage Deutschlands zu sein. Auf Beilstein trifft das überstrapazierte Eigenschaftswort »malerisch« wirklich zu, Ürzig wirbt mit dem Satz »Ein Ort wie aus dem Drehbuch« und spielt damit auf die hier gedrehte Vorabendserie »Moselbrück« an, die den Tourismus ankurbelte. Am westlichen Dorfeingang steht das »Café Moselbrück«, am östlichen das schlossähnliche Weingut »Mönchhof«, das Fernsehzuschauer kennen, stellt es doch auf dem Bildschirm das Weingut »Moselbrück« dar. Der 1177 erstmals schriftlich erwähnte »Mönchhof« gehört zu den ältesten Weingütern an der Mosel, er produziert Spitzenweine aus den Lagen »Ürziger Würzgarten«, »Erdener Treppchen« und »Erdener Prälat«.

3

Beim Doppelstädtchen Traben-Trarbach sind in einer Flussschleife noch die Überreste der französischen Festung Mont Royal aus dem 17. Jahrhundert zu sehen. Im Pfälzischen Erbfolgekrieg (1688–97) wollte Ludwig XIV., der »Sonnenkönig«, den Rhein zu Frankreichs Ostgrenze machen. Zur Sicherung des Schiffsverkehrs auf der Mosel beauftragte er seinen militärischen Chefarchitekten Vauban mit dem Bau der Festung Mont Royal – 1,6 Kilometer lang, 750 Meter breit, mit Stallungen für dreitausend Pferde und Unterkünfte für 8400 Soldaten, mit 155 Kanonen und zweitausend Wagenladungen Wein. Bevor Mont Royal vollendet war, wurde ein Friedensvertrag unterzeichnet, die französische Armee zog sich zurück und sprengte die Festung, die jetzt eine touristische Attraktion ist.

Die »Excellence Royal«, die trotz des Attributs »königlich« in ihrem Namen unter Schweizer Flagge fährt, kurvt die Mosel hoch und legt in der Doppelstadt Bernkastel-Kues an – Bernkastel liegt am rechten, Kues am linken Ufer, beide sind durch eine Brücke miteinander verbunden. Bernkastels von farbenfrohen Fachwerkhäusern eingerahmter Marktplatz ist ein Kleinod mittelalterlicher Architektur, das Spitzhäuschen in der Karlstraße, Baujahr 1416, das wohl beliebteste Fotomotiv an der Mosel – windschief, unten schmal und oben breit, mit Butzenscheiben und einem Spitzdach, nach dem das Haus benannt ist. In den engen, hier dennoch Straßen genannten Gassen reiht sich Weinstube an Weinstube.

Kues trägt den Namen des hier im Jahr 1401 geborenen Theologen, Philosophen und Mathematikers Nikolaus von Kues. Der Universalgelehrte finanzierte auch das St.-Nikolaus-Hospital, ein Altersheim, unter dessen Dach sich das Weinkulturerbe-Zentrum befindet. Das 2007 eröffnete Museum informiert multimedial über zweitausend Jahre Weinanbau auf den Schieferböden des Moseltals, dokumentiert Lagen und Rebsorten. Die Besucher können ihren Geruchs- und Geschmackssinn testen und erhalten auf Touchscreens Antwort auf Fragen wie »Warum dekantiert man Weine?« oder »Welches Glas zu welchem Wein?«. Im Kellergewölbe der Vinothek stapeln sich Moselweine vom Qualitätswein über Kabinett, Spätlese, Auslese zum Eiswein, wird degustiert und verkauft.

Moselaner feiern gern – kein Fest zieht mehr Besucher an als das Weinfest in Bernkastel-Kues, das seit über sechzig Jahren am ersten Wochenende im September stattfindet. Auf der Uferstraße kre-

1/2 Zwischen Bernkastel-Kues und Traben-Trarbach verkehren Ausflugsschiffe und passieren zwei Schleusen. **3** Am Ufer klettern terrassierte Weinberge hoch, schart sich alle paar Kilometer ein Winzerdorf mit Fachwerkhäusern um eine Kirche. **4** Salatbüfett im Bordrestaurant.

denzen Winzer ihre Weine, in den Weinlokalen wird geschunkelt, auf Gassen und Plätzen getanzt. Beim Festumzug marschieren Blaskapellen und Delegationen aus Weindörfern, auf ge-schmückten Wagen fahren im Schritttempo Moselaner mit, die in der linken Hand ein Glas Weißwein halten und mit der rechten den Schlachtenbummlern zuwinken.

Das Hotelschiff legt ab und läuft zu seiner letzten Etappe nach Trier aus. Gelegentlich ein entgegenkommendes Ausflugsschiff oder ein tief im Wasser liegender Frachtkahn, immer wieder Weinberge und Winzerdörfer. Bei Piesport ragt die Mosel-Loreley hoch – ein steiler, 443 Meter hoher Fels. In Kesten gibt es einen Weinlehrpfad. In Neumagen-Dhron zeigt an einer Felswand eine riesige Sonnenuhr die Zeit an, erinnert der Nachbau eines römischen Frachtschiffs, das Weinfässer auf dem Fluss transportiert hat, an die lange Geschichte des Weinanbaus an der Mosel. In Trier geht die »Excellence Royal« ein letztes Mal an die Pier, besuchen die Passagiere die Highlights der Bischofs- und Universitätsstadt – Porta Nigra (Schwarzes Tor), Amphitheater, Kaiserthermen, Dom, Liebfrauenkirche – und das Geburtshaus von Karl Marx. Doch Trier ist kein Museum, sondern quicklebendig, keine andere deutsche Stadt hat pro Kopf der Bevölkerung mehr Kneipen.

Im Rückblick auf ihre Moselreise meint mancher Passagier: Die Stippvisite im Moseltal macht Lust auf einen zweiten Besuch. Dann möchte er sich aber mehr Zeit nehmen und nicht nur drei Orte wie auf der Binnenkreuzfahrt besuchen.

Zeit für die Mosel

MS »Excellence Royal«

Die »Excellence«, die bis 2009 auf der Mosel verkehrte, fährt jetzt als »Excellence Rhône« auf der Rhône, auf der Mosel ist seit 2010 die weitgehend baugleiche »Excellence Royal« unterwegs. Das Vier-Sterne-plus-Schiff hat Kabinen und vier Minisuiten für 144 Passagiere. Die Kabinen auf dem Mittel- und Oberdeck verfügen über einen Französischen Balkon. Es gibt eine Sauna, einen Fitnessraum, einen Lift, zwei Lounges – die eine am Bug, die andere am Heck – und auf dem Sonnendeck einen Whirlpool. Bordsprache des unter Schweizer Flagge fahrenden Schiffs ist Deutsch. Die »Swissness« zeigt sich unter anderem auf der Getränkekarte mit Weinen der Zürcher Staatskellerei und Schnäpsen wie Pflümli, Mirabelle und Williams. Die »Royal Excellence« wird vom Fluss- und Kreuzfahrtenspezialisten Reisebüro Mittelthurgau vermarktet:
CH-8570 Weinfelden, Telefon 0041/71/626 85 85.
Infos im Internet: www.mittelthurgau.ch

Moselkreuzfahrten

Flusskreuzfahrten dauern in der Regel eine Woche. Doch dafür ist die Mosel zu kurz, weshalb Moselkreuzfahrten mit Fahrten auf Rhein und Main verbunden werden.

Beste Jahreszeit Der Herbst, wenn die Wälder farbig sind und die Winzer in den Weinbergen Trauben lesen.

Literatur zur Einstimmung

Rudolf G. Binding, Moselfahrt aus Liebeskummer;
Mischa Martinis Krimis mit Waldemar Bock, Kommissar der Kripo Trier, sind nicht nur eine spannende Lektüre, sie liefern auch viel Lokalkolorit und stimmen auf einen Trier-Besuch ein. Bis 2010 sind zehn Bände mit Titeln wie »Akte Mosel«, »Tatort Mosel« und »Fluchtpunkt Mosel« erschienen.

Länge 520 km, davon 278 km in Frankreich, 36 km als luxemburgisch-deutscher Grenzfluss und 206 km in Deutschland
Quelle am Col de Bussang in den Vogesen
Mündung in Koblenz in den Rhein
Schiffbar bis Flusskilometer 392,8 in Frankreich

2

3

4

Durchs herbstliche Neckartal

Genuss auf dem Fluss

Die kleine aber feine »Serenité«, französisch für Heiterkeit, unternimmt europaweit Binnenkreuzfahrten im kleinen Kreis. Sie bietet zwölf Passagieren das Ambiente einer Privatyacht mit exzellentem Service und exquisiter Küche.

Der Neckar fließt zwischen Schwarzwald und Schwäbischer Alb nach Norden und mündet bei Mannheim in den Rhein. Heute wird der Fluss seinem Namen – das Wort ist keltischen Ursprungs und bedeutet »wildes Wasser« – nicht mehr gerecht. Seit ihn mehrere Staustufen gebändigt haben, fließt er gemächlich durch mal enge, mal breite Talabschnitte, »vorbei an grünen Weiden und bewaldeten Bergen und schlummernden Dörfern und felsigen, von verfallenen Türmen und Zinnen geschmückten Höhen«. So hat Mark Twain 1880 das Neckartal in seinem Buch »Bummel durch Europa« beschrieben.

Auf dem Neckar verkehren Frachtkähne und Ausflugsschiffe, aber kaum Binnenkreuzer, denn die dafür notwendige Infrastruktur fehlt weitgehend. Für die unter deutscher Flagge fahrende »Serenité« stellt das kein Problem dar – wo es keine Pier gibt, macht das lediglich 38,50 Meter lange Schiff mit Leinen am Bug und am Heck an zwei Bäumen fest.

Gestern ist der Mini-Cruiser mit Kabinen für nur zwölf Gäste – das Wort Passagier ist an Bord verpönt – in Cannstatt ausgelaufen, heute legt er in Marbach an. Die im Kern mittelalterliche Kleinstadt liegt am rechten Neckarufer, eingebettet in Wiesen und Weinberge. Hier wurde 1759 Friedrich Schiller geboren, hier schillert es allenthalben: Schillers Geburtshaus, Schillerstraße, Schiller-Büste, Schiller-Statue, Schiller-Gymnasium, Hotel Schillerhof. 1965 besuchte Englands Königin Elisabeth II. die Schillerstadt, was die Marbacher erstaunte, denn alle glaubten, dass sich die Queen mehr für Pferde als für Literatur interessiere. Seither wird gemunkelt, dass sie Marbach am Neckar mit dem für seine Pferdezucht bekannten Marbach auf der Schwäbischen Alb verwechselt habe.

Nach einer Weinverkostung in Hessigheim geht die Fahrt auf dem vielfach gewundenen Neckar weiter, vorbei an herbstlich bunten Wäldern nach Bad Wimpfen, das hoch über dem Fluss auf einem Hügel liegt. Es ist der Glücksfall eines Städtchens, das seinen mittelalterlichen Charme ins 21. Jahrhundert hinübergerettet hat. Wer

1 Rita Medoev und Georg Ebert sind die Gastgeber auf der »Serenité«. **2** Der Neckar gehört zu Deutschlands schönsten Flüssen. **3** Der Cruiser hat nur sechs Kabinen. Gelegentlich macht er unterwegs an zwei Bäumen fest. **4** Heidelberg mit dem teilweise zerstörten Schloss und der Alten Brücke.

2

3

sich die Mühe macht, den um das Jahr 1200 gebauten, 58 Meter hohen Blauen Turm zu besteigen, wird mit einem spektakulären Blick ins Neckartal und auf Bad Wimpfen belohnt. Zu seinen Füßen sieht er weiß getünchte Fachwerkhäuser mit roten Ziegeldächern. Die nächsten Kilometer gehören zu Deutschlands schönsten Flusslandschaften. Besitzer der Burg Hornberg in Neckarzimmern war Goetz von Berlichingen, dem Goethe im gleichnamigen Schauspiel ein literarisches Denkmal setzte. Die historische Wahrheit blieb auf der Strecke: Nicht auf der Burg Jagsthausen, sondern auf der Burg Hornberg soll der »Ritter mit der eisernen Hand« den berühmten Satz »Er aber, sag's ihm, er kann mich im A... lecken« gesprochen haben. Neckarsteinach wartet mit gleich vier Burgen auf und nennt sich daher Vierburgenstadt.

Wenig später erreicht die »Serenité« Heidelberg. In der ersten Hälfte des 19. Jahrhunderts verliebten sich deutsche Dichter in die Universitätsstadt mit ihrer pittoresken Schlossruine. Johann Wolfgang Goethe notierte: »Die Stadt in ihrer Lage und mit ihrer ganzen Umgebung hat, man darf sagen, etwas Ideales.« Joseph Victor von Scheffel reimte: »Alt Heidelberg, du Feine, / Du Stadt an Ehren reich, / Am Neckar und am Rheine / Kein' andre kommt Dir gleich.« Diese kostenlose Werbung machte Heidelberg zum beliebten deutschen Reiseziel. 1901 hatte in Berlin Wilhelm Meyer-Försters Schauspiel »Alt-Heidelberg« Premiere, die Love Story ohne Happy-End zwischen dem Studenten Karl Heinrich, dem Erbprinzen eines fiktiven Fürstentums, und einer Kellnerin. Das rührselige Stück stand zwei Jahre auf dem Spielplan, wurde in 28 Sprachen übersetzt, wiederholt verfilmt und diente als Vorlage für das Broadway-Musical »The Student Prince«. Seither gilt Heidelberg weltweit als Synonym für deutsche Gemütlichkeit und Romantik, was den in-ternationalen Tourismus ankurbelt – jährlich reisen über eine Milli-on Besucher an, darunter viele Amerikaner, Japaner und Koreaner.

Ungleich geruhsamer als Heidelberg präsentiert sich Ladenburg, der letzte Stopp des Mini-Cruisers, bevor der Neckar bei Mannheim in den Rhein mündet. Es ist eine putzige Kleinstadt mit einem zentralen Marktplatz, um den sich Riegelhäuser gruppieren. Hier ratterte 1885 Carl Friedrich Benz mit dem ersten Benzinauto, das er als »vollständigen Ersatz für Wagen mit Pferden« propagierte, durch die Gassen. Heute ist die einstige Benz-Fabrik Museum, das ein Kapitel Automobilgeschichte dokumentiert. Damit steht am Anfang und Ende einer Kreuzfahrt auf dem Neckar ein Autopionier: Unabhängig von Benz gründete Gottlieb Daimler 1887 eine Autofabrik in Cannstatt. 1926 fusionierten Daimler und Benz zu Daimler-Benz.

1 Fachwerkhäuser in Ladenburg, wo Carl Friedrich Benz 1886 sein erstes Auto baute. **2** Im Karzer der Ruprecht-Karls-Universität bemalten festgesetzte Studenten die Wände. **3** Eine Fahrt auf dem Neckar führt vorbei an Weinbergen, dem mittelalterlichen Städtchen Bad Wimpfen und Goetz von Berlichingens Burg. **4** Das Hauptdeck der »Serenité« besteht aus einem einzigen, geschickt unterteilten Raum.

Zeit für den Neckar

MS »Serenité«

Mit der »Serenité« haben sich die beiden Eigner einen Traum erfüllt: Rita Medoev war Hotel-Managerin auf den exklusiven »Sea Goddess«-Hochseeyachten, Georg Ebert Kapitän des luxuriösen Flussschiffs »River Cloud«. Diese Erfahrungen zeigen sich im unorthodoxen Design.
Das Hauptdeck mit Restaurant und Bar, Küche und Steuerstand besteht aus einem einzigen, geschickt unterteilten Raum mit großen Fenstern und hübschen Blumenarrangements. Die sechs Kabinen sind alle gleich groß, zwölf Quadratmeter, eine Wendeltreppe führt zum knapp dreißig Meter langen Oberdeck. Zur Crew gehören zwei Stewardessen und ein Koch, der jeden Morgen zum nächsten Markt radelt, um Frisches aus der Region einzukaufen. Der Fahrpreis schließt sämtliche Getränke ein. Der Mini-Cruiser unternimmt sieben- bis elftägige Kreuzfahrten auf deutschen, französischen, belgischen und holländischen Wasserstraßen.
Infos im Internet: www.serenite.de, Mail: willkommen@serenite.de

Beste Jahreszeit im Herbst, wenn die Wälder farbig sind.

Literatur zur Einstimmung

Wolfgang Banzhaf, Der Neckar
Jörg Bischoff, Der Neckar von der Quelle bis zur Mündung
Mark Twain, Bummel durch Deutschland
Michael Buselmeier (Hrsg.), Heidelberg-Lesebuch
Gleich drei Autoren sind Verfasser von Krimis mit Heidelberger Lokalkolorit:
Wolfgang Burger (u.a. »Heidelberger Requiem«),
Carlo Schäfer (u.a. »Schlusslicht«) und
Marcus Imbsweiler (u.a. »Schlussakt«).

Länge 367 km
Quelle im Stadtpark von Schwenningen
Mündung bei Mannheim in den Rhein
Schiffbar von Plochingen bis Mannheim

1

2

3

4

Frühling entlang der Elbe

Kultur und Landschaft zwischen Prag und Berlin

Eine Flussfahrt von Prag nach Berlin oder umgekehrt ist eine Reise durch landschaftlich höchst reizvolle Gebiete wie das bizarre Elbsandsteingebirge oder das brandenburgische Havelland.

Die einwöchige Route ist an landschaftlichen, architektonischen und kulturellen Höhepunkten kaum zu überbieten. Während Bett und Kleiderschrank auf dem »schwimmenden Hotel« mitreisen, unternehmen die Kreuzfahrer abwechslungsreiche Ausflüge.
Vorbei an malerischen Städten mit langer Geschichte, die verbunden ist mit mittelalterlichen Königen und Kaisern wie Otto I. oder Karl IV. Berühmt ist das Elbe-Einzugsgebiet auch durch Erfinder, Schriftsteller und Künstler, durch prachtvolle Bauwerke und die Schönheit der Flusslandschaft.
Am späten Nachmittag Einschiffung in Prag. Nach dem Abendessen hat man Zeit, die Moldausstadt bei Nacht kennenzulernen, denn das Schiff liegt im Zentrum. Es verlässt Prag frühmorgens und nimmt Kurs auf die Schleuse Roztoky. Hier beginnt die Stadtrundfahrt durch die Hauptstadt der Tschechischen Republik. Der historische Kern Prags präsentiert sich mit zahllosen Türmen und Kuppeln, der von stattlichen Brücken überspannten Moldau und der eindrucksvollen Silhouette des Hradschin, der Prager Burg. Der Tag steht ganz im Zeichen der »goldenen Stadt«, einer lebendigen Metropole. Erkunden sollte man unbedingt den Wenzelsplatz, den Altstädtischen Ring, die Kleinseite und den Hradschin mit dem Veitsdom, um nur ein paar der wichtigsten Sehenswürdigkeiten zu nennen.
Am Nachmittag gleitet das Schiff die Moldau und dann die Elbe abwärts, vorbei an kleinen Dörfern und Städtchen. Zur Übernachtung wird in Velké Žernoseky festgemacht. Frühmorgens wird wieder Fahrt aufgenommen. Am Vormittag zieht die imposante Böhmische Schweiz vorüber. In Bad Schandau, nun schon in der Sächsischen Schweiz, kann man mittags das Schiff verlassen und den 361 Meter hohen Königstein besteigen und die gleichnamige Festung mit Museum besichtigen. Gut zu erkennen aus luftiger Höhe ist die bis zu zweihundert Meter hohe Felsenwelt der Bastei am gegenüberliegenden Elbufer, die zu den schönsten natürlichen Aussichtspunkten Europas zählt.

1 Kurfürst/König August der Starke als »Goldener Reiter« in Dresden. **2** Teller aus der Staatlichen Porzellan-Manufaktur Meißen. **3** Die Bauhaus-Meisterhäuser vom Walter Gropius aus dem Jahr 1926 in Dessau. In den drei identischen Doppelhäusern wohnten unter anderem Wassily Kandinsky und Paul Klee. **4** Die »Königstein« unterwegs auf der Elbe.

1

2

3

Das Schiff dampft anschließend Dresden, dem nächsten Übernachtungshalt, entgegen, vorbei an Weinbergen und dem berühmten Schloss Pillnitz. Vormittags besichtigt man Dresden, »Elbflorenz«. Die Wahrzeichen der Stadt sind Zwinger und Semperoper, vor allem aber die wiederaufgebaute Frauenkirche. Das Neue Grüne Gewölbe im Schloss ist wie so vieles andere einen Besuch wert, zum Beispiel die Brühlsche Terrasse und das Albertinum.
Mittags setzt das Schiff die Reise fort und macht am Nachmittag in Meißen, der Stadt der blauen Schwerter, fest. 1710 wurde die königliche Porzellanmanufaktur auf der Albrechtsburg gegründet, seither genießt sie Weltruf. Auch das spätgotische Rathaus, die Albrechtsburg und der Dom sind bedeutende historische Bauten. Hier befinden sich die Reisenden zugleich in der nördlichsten Weinregion Europas. Schon mehr als achthundert Jahre setzen die Winzer im sächsischen Elbland auf die geschützte Lage und die milden Sommer, um ihre Reben zu kultivieren. Vor allem weiße Rebsorten gedeihen in den Terrassen- und Steillagen rund um Dresden und Meißen prächtig – unter anderem Müller-Thurgau, Weißburgunder, Grauburgunder, Riesling und Traminer –, aber auch Rotwein und Sekt werden produziert. Eine Weinverkostung sollte man sich als Flusskreuzfahrer nicht entgehen lassen.

4

5

1 Zwinger in Dresden. **2** Innenraum der Frauenkirche. **3** Canaletto-Blick auf »Elbflorenz«. **4** Semperoper. **5** Löwitzer Brücke. **6** Park von Schloss Wörlitz. **7** Monument zur Erinnerung an das Zusammentreffen amerikanischer und russischer Truppen im April 1945 in Torgau. **8** An das Portal der Schlosskirche von Wittenberg schlug Marthin Luther 1517 seine Thesen.

In den frühen Morgenstunden heißt es wieder »Leinen los!«. Schon mittags steht Wittenberg auf dem Programm. Hier startet man zum Rundgang durch die Lutherstadt und zum Ausflug in den Wörlitzer Park. Herausragende Bedeutung bekam Wittenberg als eines der wichtigsten Zentren geistig-religiöser Bestrebungen im 16. Jahrhundert. Die weltberühmten Reformationsstätten in der Altstadt vergegenwärtigen jene Zeit und ihre großen Persönlichkeiten. Als Ausgangspunkt der lutherischen Reformation war die alte Universitätsstadt ein geistiges Zentrum. Martin Luther hat seine 95 Thesen an die Tür der Schlosskirche in Wittenberg geschlagen.
Ein Ausflug führt in den Wörlitzer Landschaftspark. Die Gäste steigen gegen Abend in Aken wieder zu, wo kurz gestoppt wird. Spätabends legt der Kreuzfahrer in Magdeburg an.
Die Stadt liegt am Ostrand der fruchtbaren Magdeburger Börde. Bekannt geworden ist sie als Wirkungsstätte des Naturforschers

1

1 Dresden besitzt die älteste und größte Dampfschiffflotte der Welt.
2 Die Sächsische Schweiz fasziniert durch bizarre Felsformationen.
3 Nach Meißen fährt die »Königstein« durch hügelige Landschaften.
4 Gelegentlich steht abends ein Konzert mit klassischer Musik auf dem Programm.

und Diplomaten Otto von Guericke sowie als Geburtsort des Komponisten Georg Philipp Telemann. Der Magdeburger Dom ist eines der bedeutendsten Bauwerke seiner Art in Europa.
Das Schiff fährt unterdessen weiter nach Burg. Über das Wasserstraßenkreuz Magdeburg geht die Fahrt nun weiter bis nach Ketzin an der Havel, wo nachts festgemacht wird. Morgens erreicht man Potsdam. Diese Stadt bezaubert nicht nur mit dem weltberühmten Schloss Sanssouci, Sommersitz Friedrichs des Großen, und seinem Park, auch das Holländische Viertel, Schloss Cecilienhof und die Babelsberger Filmstudios sind Anziehungspunkte.
Nach kurzer Fahrt über die Havelseen steuert das Schiff am frühen Nachmittag die deutsche Hauptstadt an. Fast überflüssig zu sagen: Berlin ist immer eine Reise wert, sodass es sich lohnt, ein paar Tage dranzuhängen für individuelle Erkundungen zwischen Spree und Havel.

3

Zeit für die Elbe

Flusskreuzfahrten auf der Elbe haben mehrere Veranstalter im Angebot, unter anderen Plantours, Phoenix Reisen, Nicko Tours, Premicon/Transocean.
Eines der Schiffe ist die **MS »Königstein«** (68,5 m lang, 8,1 m breit, 1 m Tiefgang, 68 Passagiere max., 30 Außenkabinen à 11 qm, Du/WC, Klimaanlage, Kühlschrank, Fön, Tel., SAT-TV, 220 V, Panoramarestaurant, Panoramasalon, Bar, Foyer, Rezeption, Sonnendeck, Sonnendach, Sonnenschirme, Liegestühle, Stühle und Tische).
Beste Reisezeit März bis Oktober

Literatur zur Einstimmung

Eberhard Czaya, Die Elbe – vom Riesengebirge zur Nordsee
Christian Graf von Krockow, Die Elbreise – Landschaften und Geschichte zwischen Böhmen und Hamburg
Hansjörg Küster, Die Elbe – Landschaft und Geschichte

4

Quelle im Böhmischen Riesengebirge (Tschechien)
Länge 1165 km
Schiffbar bis Kolín und über die Moldau bis Prag
Mündung bei Cuxhaven in die Nordsee

Berlin-Spandau
1.Kreuzfahrtterminal
Berlin

1

2

3

SWISS CORAL
BASEL CH

4

Über Havel und Oder an die Ostsee

Kurzkreuzfahrt von Berlin nach Rügen und Hiddensee

Eine attraktive Kombination von Flusslandschaften und Inselflair bietet diese Kreuzfahrt, die von Berlin über Havel und Oder zu Deutschlands größter Insel führt – und zurück.

»Im Greifswalder Bodden, da sind die meisten von uns seekrank geworden«, berichtet, noch etwas blass um die Nasenspitze, ein Passagier. Kapitän Johann Magner kann bestätigen, »dass es bei der Überfahrt nach Stralsund ganz schön gepustet hat«.
»Wie Sie sicher schon bemerkt haben, meine Damen und Herren«, informiert der Kapitän seine Gäste, »haben nur wenige Weltstädte ein so ausgedehntes Netz von Seen, Flüssen und Kanälen wie Berlin.« Die Havel ist nach der Spree der zweitwichtigste natürliche Wasserlauf der Stadt. Wir hören weiter, dass der 1909–14 gebaute, 56 Kilometer lange Oder-Havel-Kanal, in den wir einlaufen, früher die wichtigste Grossschifffahrtsverbindung zwischen Berlin und Stettin war.
Die Reise führt weiter über das berühmte Schiffshebewerk Niederfinow. Der beredte Kapitän weiß zu berichten: »Der Gedanke, Havel und Oder über das Urstromtal zu verbinden, entstand bereits um 1540. Am 21. Oktober 1603 begann man mit dem Bau eines Kanals samt elf Schleusen, in den das damals wirtschaftlich wichtige Flüsschen Finow einbezogen wurde. Während des Dreißigjährigen Krieges fiel er der Zerstörung anheim und versandete.« Friedrich der Große ließ auf Bitten der Eberswalder durch seine Soldaten einen zweiten Kanal bauen, der 1746 in Betrieb genommen wurde. Mit Hilfe von zwanzig Schleusen – zwölf sind heute noch intakt – wurde die Talwasserscheide überwunden. Mit der Eröffnung des modernen Oder-Havel-Kanals verlor der Finow-Kanal an Bedeutung.
Die »Saxonia« gleitet in das Gerüst hinein. Früher übernahmen kleine Elektroloks die Treidelarbeit. Man ist umzingelt von Stahlträgern, Rädern und Seilen. Das Schiff scheint über den Baumwipfeln zu schweben. Die »Geisterstimme« des Kapitäns aus dem Lautsprecher passt zur Szenerie: »Wir befinden uns jetzt im zweitgrößten, aber interessantesten Schiffshebewerk der Welt, das am 21. März 1934 nach siebenjähriger Bauzeit eingeweiht wurde. Dadurch konnten die Frachtschiffkapitäne viel Zeit einsparen und die nebenan gelegene vierstufige Schleusentreppe wurde über-

1 Berlin empfängt seine Kreuzfahrer in Spandau. **2** Ein kühles Bier auf dem Oberdeck schmeckt immer. **3** Hafenfest in Wolgast. **4** Das Kabinenschiff »Saxonia« legt in der Hansestadt Stralsund an.

1

2

3

flüssig. Wir sind gerade in den 85 Meter langen Trog eingefahren, der zusammen mit dem Wasser 4300 Tonnen wiegt.« Und noch zwei Superlative: Höhe des Hebewerks: sechzig Meter, Gesamtgewicht der verarbeiteten Bauteile: 14 000 Tonnen. »Wenn ein Schiff hier einläuft, wird der Trog nicht etwa schwerer«, lüftet Johann Magner das Geheimnis, »sondern es wird so viel Wasser an den Kanal abgegeben, wie das Schiff verdrängt.« Das Gewicht des mit Wasser gefüllten Troges bleibt immer gleich. Um ihn ohne viel Kraftaufwand zu heben, ist ein ebenso großes Gegengewicht notwendig. Für Ausgleich sorgen 560 Betonblöcke zu je sieben Tonnen, die durch 256 Drahtseile gehalten werden. So genügen vier 75-PS-Elektromotoren, um den Trog zu bewegen. In naher Zukunft wird ein weiteres, größeres Hebewerk hinzukommen, um vor allem größere Schiffe noch schneller auf und ab zu bewegen. Da wird Kapitän Magner auch keine Turnübungen mehr machen müssen, um niedrigen Trägern auszuweichen. Nach einer halben Stunde ist das Spektakel vorbei – die eigentliche 36-Meter-Fahrstuhlfahrt auf Oder-Niveau hat dabei nur fünf Minuten gedauert.

Die Gäste genießen die Natur beiderseits der künstlich angelegten Hohensaaten-Friedrichsthaler Wasserstraße. Sie verläuft parallel zur Ostoder durch den Nationalpark Unteres Odertal. Er ist Teil

4

5

6

eines deutsch-polnischen Naturschutzprojektes, das ein Gebiet von 106 Quadratkilometern umfasst und sich von der Schleuse Hohensaaten über sechzig Kilometer bis vor die Tore Stettins erstreckt.

Drei Tage später: In der altehrwürdigen Hansestadt Stralsund, UNESCO-Weltkulturerbe, signalisiert ein makelloser Himmel schönstes Reisewetter. Nach dem Frühstück mit Blick auf das Ozeaneum und das historische Segelschulschiff »Gorch Fock« trifft sich die Gästeschar auf dem Oberdeck zum Auslaufmanöver.

»Klar vorn und achtern!«, heißt das Kommando, bis Magner die Leinen einholen lässt. Mit einem gerade mal fingerdicken Hebel, dem Joystick, dirigiert er die »Saxonia« aus dem Passagierhafen. Das sieht eher spielerisch aus, setzt aber eine Menge Erfahrung voraus. »Bei auflandigem Wind und unserem geringen Tiefgang haben die 1000 PS im »Keller« es auch nicht ganz einfach«, ist er überzeugt. Die morgendlichen Nordmolen-Spaziergänger staunen nicht schlecht, als sie am Heck des Fahrgastschiffes den Heimathafen »Basel« lesen. Man kann sich vorstellen, wie ein paar von ihnen Geografie-Kenntnisse zum Besten geben: »Also, erst mal den Rhein runter ...« Doch schon da geraten sie ins Stocken. Derweil zeigt »Saxonia« vor Altefähr volle Breitseite und folgt brav dem

1 Kanalfahrt durch das grüne Berlin. **2** Museumsdampfer »Riesa« in Oderberg. **3** Dicht besetzter Fahrstuhl des Schiffshebewerks Niederfinow. **4** Die deutsch-polnische Grenze an der Oder. **5** Fahrt über den Greifswalder Bodden. **6** Sonnenaufgang über der Hohensaaten-Friedrichsthaler Wasserstraße.

Tonnenstrich der Sund-Nordansteuerung. Ab Kreuzung Vierendehl-/Hiddensee-Fahrwasser wird es plötzlich eng. Neben der schmalen Rinne stehen die Schwäne im flachen Wasser. Wie eine Schleppe zieht die »Saxonia« den Schwall seitlich neben sich her. Der entgegenkommende Hiddensee-Dampfer der Weißen Flotte passiert »gerade mal so«. »Dat Söte Länneken« bleibt an Backbord, Rügen an Steuerbord. Zwischen den naturgeschützten Halbinseln Bug und Altbessin gleitet das Schiff aus der Alpenrepublik über eine Zunge Ostseewasser.

Beim Mittagessen hat man das Gefühl, halb im Wasser zu sitzen. Die Fensterunterkante des Restaurants schließt genau mit der Wasseroberfläche ab. Wenn's dann noch »Außenbordkameraden« gibt und die Angler einem aus ihren Booten auf den Teller sehen, könnte man meinen: frischer Fisch aus dem Sund direkt auf den Tisch. Nach den letzten Metern durch den Wieker Bodden wird im

1 Seebrücke Sellin, ein Schmuckstück der Bäderarchitektur auf Rügen. **2** Strandkorb-Parade auf der Insel Usedom. **3** Boote am Ryck in Greifswald-Wieck. **4** 1818 wie heute: Caspar David Friedrichs »Kreidefelsen von Rügen«.

gleichnamigen Dörfchen auf der Halbinsel Wittow festgemacht – Endstation. Der begleitende Bus wartet bereits auf der Pier für einen Rügen-Ausflug: Kap Arkona, Vitt, Königsstuhl stehen auf dem Programm. Alternative: ein individueller Fahrradausflug. Über stille Wege abseits des Touristenstroms die Insel zu erfahren ist ein besonderes Erlebnis. Schon der Dichter Ernst Moritz Arndt aus Groß Schoritz schwärmte von seiner Heimat: »Oh Rügen! Liebliche Insel, wohin ewig die Liebe sich sehnt …«.

In geruhsamer zweistündiger Fahrt gleitet das Schiff dann hinüber nach Hiddensee, dem »Wellenbrecher« vor der Insel Rügen. Festmachen in Vitte. Haargenau passt das 82-Meter-Schiff an die Pier. Pferdefuhrwerke laden zu einer abendlichen Rundfahrt ein. Die Tagesgäste sind weg, Ruhe ist eingekehrt.

Der Bürgermeister hat nach der Wende dafür gesorgt, dass der kleine Hafen für Binnenkreuzfahrtschiffe geöffnet ist. Er hatte es nicht einfach damit. Schließlich hat sich der Gedanke durchgesetzt, dass man auch von dieser Art Tourismus profitieren kann. Man müsse allerdings mit dem »Abmelken« der Besucher aufhören, erbost er sich. »Denn nur dann kommen die Leute wieder.« In der kleinen Broschüre, die der Pferdenarr verteilt, heißt es denn auch: »Erstbesucher seien gewarnt: Diese Insel kann süchtig machen.« Rauf aufs Fahrrad und los: über gut ausgebaute Wege durch den »hohen Norden« der sieben Kilometer langen Insel, den Dornbusch. Der Enddorn mit seinen Sandhaken Alt- und Neubessin ist ein ganz besonderes Kleinod. Runter vom Rad und per pedes durch die wunderschöne Natur. Wenn dann noch der Mond aufgeht und der Leuchtturm in den Abendhimmel blinkt, ist die romantische Stimmung komplett. Davon kann man wahrhaft süchtig werden! Rast in der Gaststätte »Zum Enddorn«, bevor die Rückfahrt über die stille Insel losgeht. Die Autofreiheit ist ein Erlebnis für sich. Ruhig und angstfrei kommt man hier voran, mal den Blick links, mal rechts schweifen lassend. Nach einem Absacker an Oberdeck wiegen einen schließlich die gegen die Bordwand glucksenden Wellen in den Schlaf. Am nächsten Morgen, die hanseatische Backsteinkulisse von Stralsund voraus, resümiert ein welterfahrener Gast: »Ich habe schon viel gesehen, aber dieses Revier gehört für mich zu den schönsten, die ich kenne.«

Zeit für die Havel und Oder

MS »Saxonia«

Die »Saxonia« wurde 2001 in Dienst gestellt; die Schweizer Reederei Scylla Tours hatte sie in Holland bauen lassen. Auf drei Decks mit 45 Kabinen für maximal 88 Gäste wird Vier-Sterne-Komfort geboten, für den 22 Besatzungsmitglieder sorgen. Der Tausendtonner mit 1000 PS Maschinenleistung ist bei 82 Metern Länge, 9,50 Metern Breite und 1,05 Meter Tiefgang maßgeschneidert für sein Revier. An Bord wird Deutsch gesprochen, die Bordwährung ist der Euro. Veranstalter: Phoenix-Reisen, Plantours, Nicko-Tours, Transcean/Premicon, Croisi Europe.

Reisezeit Frühsommer bis Herbst

Literatur zur Einstimmung

Georg Jung, Das große Rügen-Buch
Renate Seydel (Hg.), Rügen – ein Lesebuch
Renate Seydel (Hg.), Hiddensee – Geschichten von Land und Leuten
Bernd Siegmund/Thomas Grundner, Rügen

Der Strelasund

Der Strelasund ist ein Meeresarm der Ostsee und trennt die Insel Rügen vom Festland bei der Hansestadt Stralsund. Das lang gestreckte, in der Eiszeit entstandene Boddengewässer ist durchschnittlich vier Meter tief. Über den Strelasund führte als einzige feste Verbindung der Insel Rügen zum Festland seit 1936 der Rügendamm mit Rügendamm- und Ziegelgrabenbrücke, eine kombinierte Straßen- und Eisenbahnverbindung. Seit 2004 wurde die neue Rügenbrücke gebaut, die seit Oktober 2007 als längste deutsche Hochbrücke mit einer Schiffsdurchfahrtshöhe von 42 Metern den alten Rügendamm entlastet.

Quelle bei Kozlov/Tschechien
Länge 886 km (bis Swinemünde: 898 km)
Schiffbar von Swinemünde bis Kozle (früher: Cosel)
Mündung mündet ins Stettiner Haff

Osteuropa

Unterwegs in Tschechien, Polen und Russland.
Hier: Die Christi-Verklärungskirche, Baujahr 1714, auf der Museumsinsel Kischi im Onegasee.

1

2

3

4

Durch Böhmen auf Moldau und Elbe

Auf den Spuren Smetanas

Der Südwesten der Tschechischen Republik ist ein wunderschönes, noch wenig bekanntes Revier für Binnenkreuzfahrten: Burgen, Schlösser und mittelalterliche Städtchen, abwechslungsreiche Landschaften und immer wieder überraschende Entdeckungen.

»Das Werk beschreibt den Verlauf der Moldau, angefangen bei den beiden kleinen Quellen über die Vereinigung zu einem Fluss, den Lauf der Moldau durch Wälder und Fluren, durch Landschaften, wo gerade eine Bauernhochzeit gefeiert wird, beim nächtlichen Mondschein, wo Nymphen ihren Reigen tanzen. Auf den nahen Felsen ragen stolze Burgen, Schlösser und Ruinen empor. Die Moldau wirbelt in den Stromschnellen, im breiten Zug fließt sie weiter gegen Prag, und in majestätischem Lauf entschwindet sie in der Ferne schließlich in der Elbe.« So beschreibt Bedřich Smetana seine sinfonische Dichtung »Die Moldau«, die seit ihrer Uraufführung im Jahr 1875 zum festen Repertoire von Konzerten klassischer Musik gehört.

Wenn die »Florentina« auf der Moldau fährt und aus den Bordlautsprechern Smetanas tonmalerische Musik ertönt, staunen die Passagiere, wie genial der böhmische Komponist das wechselnde Bild des Flusses in Töne umgesetzt hat. Allerdings sind Bauernhochzeit und Nymphenreigen im Mondschein Fantasieprodukte – die einst wilde Moldau ist gezähmt, die Stromschnellen sind verschwunden. Die »Florentina« ist das einzige Kabinenschiff, das in Böhmen Binnenkreuzfahrten unternimmt – neunzig Kilometer auf der Moldau (tschech. Vltava), 160 Kilometer auf dem Oberlauf der Elbe (tschech. Labe). In Mělník (Melnik), dreißig Kilometer nördlich von Prag, vereinigen sich beide Flüsse und fließen als Elbe weiter, obgleich die Moldau wasserreicher ist – vor Mělník ist die Elbe 96 Meter breit, danach 147. Die Passagiere entdecken ein Fahrtrevier, das durch Geschichte, Kultur und Natur fasziniert: Sanft gewellte bewaldete Hügel, tief eingeschnittene Täler, steil ansteigende Rebberge, Burgen auf senkrecht aufragenden Felsen. Kapellen, Schlösser und Dörfer, die sich im mäandernden Fluss spiegeln. Für den in Prag geborenen Rainer Maria Rilke war »Gott in guter Laune«, als er Böhmen schuf, eine »Region reich an tausend Reizen«. Streckenweise dominieren jedoch heute Stauseen,

1 Das vom amerikanischen Architekten Frank O. Gehry gebaute Gebäude nennen die Prager »Tanzendes Haus«. **2** »Florentina« macht als einziges Schiff Kreuzfahrten auf der Moldau. **3** Jazzkonzert an Deck vor dem beleuchteten Hradschin. **4** In Prag führen acht Brücken über die Moldau.

1 Nymburks Stadtmauer ist noch intakt. **2** und **3** »Florentina« fährt mal durch parkähnliche Landschaften, vorbei an Winzerdörfern und Burgen, mal durch Täler mit senkrecht hochragenden Felsen. **4** Der Chefkoch pflegt die deftige böhmische Küche mit Schweinebraten, Sauerkraut und Knödeln. **5** Böhmische Musikantinnen unterhalten die Binnenkreuzfahrer mit Polkaklängen.

Schleusen, Wasserkraftwerke, kanalisierte Flusspassagen und auf beiden Ufern vorbeidonnernde Eisenbahnzüge.

Das Zwei-Sterne-Schiff hat nostalgischen Charme, verlangt aber der Crew viel Handarbeit ab. Im Ruderhaus navigiert Kapitän Jiři Mikota die »Florentina« in eine zwanzig Meter hohe Schleuse. Da das Schiff über keine Außensteuerstände verfügt, stehen an Steuer- und Backbord zwei Matrosen, um mit Walkie-Talkies vor Kollisionen mit der Bordwand zu warnen. Später überquert eine Brücke die Moldau lediglich 4,50 Meter über dem Wasser. Die Mannschaft legt die Reling aufs Sonnendeck, bringt die Liegestühle ins Vorschiff, zerlegt das Ruderhaus in seine Bestandteile und deponiert diese auf dem Boden. Aber auch so ist der Kopf des Kapitäns nur eine Handbreite von der Unterseite der Brücke entfernt. Bei jedem Anlegen wartet ein Bus, der dem Kabinenschiff vorausfährt, auf die Teilnehmer des Ausflugs. Doch kein Kran hievt die Gangway vom Sonnendeck, vier Männer mühen sich damit ab, sie mit Tauen in Position zu bringen.

Böhmen hört nicht an der Bordwand auf. Die Mannschaft besteht fast ausschließlich aus Tschechen; der Chefkoch pflegt die deftige regionale Küche: Schweinebraten mit Sauerkraut und Knödeln, Lendenbraten in Rahmsauce mit Kartoffeln, Rindergulasch mit Knödeln, wobei Letztere – die typischen Böhmischen Knödel – in Scheiben geschnitten auf den Tisch kommen. Zum Trinken gibt's Bier und Weine aus Böhmen und Mähren. Es sind ausgesprochen kalorienreiche Menüs, weshalb sich zur Verdauung Becherovka aus Karlsbad empfiehlt, ein grünlich-gelber Kräuterschnaps, der einst als Schutzmittel gegen Cholera getrunken wurde.

Nach dem Abendessen kommen auch schon mal böhmische Musikanten aufs Schiff. Ihr Repertoire besteht weitgehend aus Polkas, einem beschwingten Tanz im Zweivierteltakt, den 1830 das böhmische Bauernmädchen Anna Slezák erfunden haben soll. Die Polka wurde weltweit zum Modetanz, nicht nur Johann Strauß

5

Vater und Sohn sowie Offenbach komponierten Polkas, sondern auch Strawinsky. Im Auftrag eines amerikanischen Zirkus schrieb er eine »Circus Polka« für fünfzig Elefanten. Keine Polka ist indes populärer als »Škoda lásky« (Schade um die Liebe), eine Komposition des Prager Musikers Jaromir Vejvoda aus dem Jahr 1927, im deutschen Sprachraum als »Rosamunde« bekannt:
Rosamunde, schenk' mir dein Herz und dein »Ja!«,
Rosamunde, frag' doch nicht erst die Mama.
Rosamunde, glaub' mir, auch ich bin dir treu
Denn zur Stunde, Rosamunde,
Ist mein Herz grade noch frei.
Auf den von einer Deutsch sprechenden Reiseleiterin kundig kommentierten Landgängen tauchen die Passagiere in eine weitgehend unbekannte Welt ein, die immer wieder mit Überraschungen aufwartet. Die trutzige Burg Schreckenstein soll Wagner zu seiner Oper »Tannhäuser« inspiriert haben. Die auf einem bewaldeten Hügel gelegene Burg Kokořín (Kokorschin) wäre der ideale Schauplatz für einen Hollywoodfilm mit Rittern, Minnesängern und holden Frauen. Im Barockschloss Veltrusy (Weltrus) und dem dreihundert Hektar großen Park drehte der tschechische Regisseur Milo Forman Teile seines mit acht Oscars ausgezeichneten Films »Amadeus«.
Schloss Nelahozeves (Mühlhausen) ist ein prächtiger, mit Sgrafitomalereien geschmückter Renaissance-Bau, der sich im Besitz der Familie Lobkowicz befindet, einer der ältesten böhmischen Adelsfamilien. Die Passagiere schreiten durch Säle und Galerien, in welchen Gemälde von Breughel, Cranach, Velazquez und Rubens hängen. Am Fuß des Schlosshügels wurde 1841 in einem unscheinbaren grauen Haus, das heute ein Museum ist, der Komponist Antonín Dvořák geboren. Hinter Glas informiert ein Brief der NASA, dass sich der Astronaut Buzz Aldrin im Juli 1969 bei der Raumfahrtmission Apollo 11 unterwegs zur ersten Mondlandung gern Dvořáks Sinfonie »Aus der Neuen Welt« anhörte.
Velké Žernoseky (Groß Tschernosek) ist ein Winzerdorf, das auch an der Mosel stehen könnte, Litoměřice (Leitmeritz) ein hübsches Städtchen, dessen Marktplatz reich verzierte Renaissance- und Barockhäuser säumen. In Kutná Hora (Kuttenberg), das zeitweise Residenz der böhmischen Könige war, wurde während Jahrhunder-

1 und **2** Am Ufer immer wieder hinter Bäumen versteckte Dörfer, auf dem Wasser gelegentlich ein Ausflugsschiff. **3** Die von Bedřich Smetana in Musik umgesetzte Moldau ist nur 440 Kilometer lang. Bei Melnik fließt sie in die Elbe. **4** Die Kabinen der »Florentina« sind neun Quadratmeter groß.

ten Silber abgebaut und wurden Silbermünzen geprägt, die in ganz Europa als stabile Währung galten. Ein kleines Museum dokumentiert die Geschichte des Silberbergbaus – die Barbarakirche gilt als eine der schönsten gotischen Kirchen in Tschechien.

In Terezín, besser bekannt unter dem deutschen Namen Theresienstadt, werden die Binnenkreuzfahrer aus dem Mittelalter ins 20. Jahrhundert katapultiert.

1941 vertrieben die Nazis die tschechische Bevölkerung aus der Festungs- und Garnisonsstadt, um Theresienstadt zum Transitlager für Zehntausende Juden vor dem Abtransport nach Auschwitz zu machen. In der sogenannten Kleinen Festung saß einst Gavrilo Princip, der 1914 in Sarajewo den österreichischen Thronfolger Franz Ferdinand und dessen Gemahlin erschossen hatte, bis zu seinem Tod in Einzelhaft. Sein Attentat löste indirekt den Ersten Weltkrieg aus. Im Zweiten Weltkrieg war die Kleine Festung, über deren Eingang der zynische Satz »Arbeit macht frei« steht, ein Gefängnis für Juden, Kriegsgefangene und Widerstandskämpfer. In den Gemeinschaftszellen waren bis zu sechshundert Menschen zusammengepfercht. Heute ist die Kleine Festung eine Holocaust-Gedenkstätte, während in der Großen Festung lediglich noch ein Museum an das Grauen von einst erinnert.

Das Schiff kehrt nach Prag zurück, macht an seinem Stammplatz zwischen den Moldau-Brücken Manesuv und Čechův fest.

Beim Abschiedsessen überrascht die Küche untypisch tschechisch mit geräuchertem Lachs, Rindessenz mit Eierfladen, gegrillten Pflaumen mit Speckröllchen, Kalbfleischbraten mit Rosmarin und einer »Baked Alaska«.

Danach treffen sich Mannschaft und Passagiere auf dem Sonnendeck: es swingt eine Jazzband, es fließt der Becherovka in Strömen, während sich im Hintergrund der von Scheinwerfern hell beleuchtete Hradschin vom abendlichen Himmel abhebt. Schöner kann der Abschluss einer Flusskreuzfahrt durch Böhmen nicht sein.

Zeit für die Moldau

MS »Florentina«

Das Kabinenschiff – Baujahr 1980, achtzig Meter lang, 102 Passagiere – unternahm für verschiedene Eigner und unter wechselnden Namen – unter anderem »Kieler Sprotte«, »Dresden« und »Florentina« – zuerst Flusskreuzfahrten auf Donau und Rhein, danach war sie Hotelschiff in Dresden. Heute gehört der Zwei-Sterne-Kabinenkreuzer zur Flotte der Prager Reederei »Evropska vodni doprava« (EVD), die auch Raddampfer und Motorschiffe für Sightseeing-Touren besitzt. Die »Florentina« dient teils als schwimmendes Hotel, teils unternimmt sie einwöchige Fahrten auf Moldau und Elbe durch Böhmen. Die lediglich neun Quadratmeter großen Kabinen verfügen über Klimaanlage, TV, Radio und Föhn. Beim Eingang zum Restaurant, das auch als Salon dient, befindet sich eine kleine Bar.

Informationen und Buchungen

Informationen und Buchungen: Telefon: 0042 603 196 666.
E-Mail: info@florentinaboat.cz. Internet: www.florentinaboat.cz

Musik zur Einstimmung

Smetanas populäre Programmmusik »Die Moldau« gehört zum Zyklus »Mein Vaterland« mit sechs sinfonischen Dichtungen. Das einprägsame Hauptmotiv erinnert teils an das schwedische Volkslied »Ack Värmeland«, teils an das Kinderlied »Alle meine Entchen«. Ungleich weniger bekannt ist die zum Zyklus gehörende Komposition »Aus Böhmens Hain und Flur«, in welcher der Komponist »Gedanken und Gefühle beim Anblick der böhmischen Heimat« in Töne umgesetzt hat..

Quelle im Böhmerwald, unweit der tschechisch-österreichischen Grenze
Länge 440 km
Schiffbar bis 20 km oberhalb von Prag
Mündung bei Melnik in die Elbe

1

2

3

4

Wasserreiches Masurenland

Schiffs- und Radtour über Seen und durch Kanäle

Unverbrauchte Natur erleben? Das kann man reichlich haben – in Masuren. Seit eh und je und wie kaum ein anderer Landstrich in Europa ist es ein Synonym für scheinbar unberührte Landschaften.

Masuren liegt im Nordosten Polens im einstigen Ostpreußen. Wald- und Seenreichtum sind sein Kapital. Erfahren kann man Masuren zum Beispiel per Schiff und Rad – mit der weißen »Classic Lady«. Seit der Indienststellung im Jahre 2003 startet das 44 Meter lange Kreuzfahrtschiff allwöchentlich von Mai bis September im Segelhafen von Wilkasy. Nur ein paar Kilometer weg, am Nordufer des Löwenthin-Sees (Jezioro Niegocin), liegt Gyzicko (Lötzen). In Touristenkarten und deutschsprachigen Info-Materialien vor Ort findet man neben den heutigen polnischen auch die einstigen deutschen Namen aufgeführt. Ein Service, den man nicht nur als eine Art Willkommen für die deutschsprachigen Touristen und Urlauber sehen kann, sondern der auch einen souveränen Umgang mit der Geschichte zeigt.

Lötzen gilt nach wie vor als touristisches Zentrum der Masurischen Seenplatte im Herzen des Südens von Ostpreußen. Heute gehört die frühere preußische Provinz zu Polen, während der nördliche Teil an Russland und Litauen kam. Ein Land voller Geschichten und Geschichte, aber auch voller Emotionen.

Der Schriftsteller und Journalist Hans Helmut Kirst träumte von der »Märchenwelt aus Moos und Schilf und der leuchtend grünen Zauberwälder voller Geborgenheit«. Klaus Bednarz war lange ARD-Korrespondent in Warschau. Sein Vaterhaus steht in Ukta am romantischen Flüsschen Krutinna, durch dessen klares Wasser wir später im Stocherkahn gleiten. Dort lag »mein Kindheitsparadies«, erzählt er an Bord und kommt ins Schwärmen. Masuren war auch Thema einiger seiner Filme und Bücher. Davon haben sich auch die Passagiere der »Classic Lady« anregen lassen. »Einmal das alles mit eigenen Augen sehen und erfahren«, das wollte auch die 24-jährige Kulturwissenschafts- und Geschichts-Studentin Maren Röger, die von ihrem Vater Hans-Joachim zu dieser Fahrt eingeladen wurde. Sie spricht perfekt Polnisch – gelernt während eines Studienaufenthalts in Breslau (Wrocław).

Für Jutta Heimann aus Frankfurt liegen die Vorteile der Reisekombination Schiff/Rad, einzigartig in Masuren, klar auf der Hand: »Keine lästige Quartiersuche, kein tägliches Kofferpacken und

1 Masuren ist ein Storchenparadies. **2** Einsamer Radler auf einer Flussbrücke. **3** Salon der »Classic Lady«. Der Kabinenkreuzer »Classic Lady« in voller Fahrt auf dem Talter Gewässer bei Nikolaiken.

1 Die »Classic Lady« mitten im Wald bei Piasken am Beldahnsee. **2** Ein Kuhhirte im Ruderboot treibt seine Herde durch einen Wasserlauf. **3** Naturidyll: ein Seerosenfeld am Rand der Fahrstrecke. **4** Bemerkenswertes nahe am Muckersee: die Schwimmenden Inseln. **5** Erfrischendes Sommerbad zwischen Wiesen am Spirdingsee. **6** Stocherkahn-Partie auf dem Flüsschen Krutinna bei Krutinnen.

tagsüber unbeschwertes Fahren ohne Gepäck, von fehlenden Sprachkenntnissen mal abgesehen«.

Wenn frühmorgens die Fahrräder von den Steward-Matrosen Staszek, Tomasz und Mariusz auf den Anlegesteg gewuchtet werden, können sich die Gäste noch mal genüsslich in ihren zweckmäßig eingerichteten Kabinen umdrehen und anschließend bis mindestens neun Uhr in aller Ruhe frühstücken. Reiseleiter Dominic Pelech geht dann mit seinen Schützlingen die bevorstehende Tagesetappe nochmals durch. Jeder bekommt außerdem eine genaue Touren-Beschreibung, sodass man sich mithilfe der Karte ein klares Bild vom Pensum machen kann. Insgesamt sind es sechs Etappen, zusammen zwischen 240 und 315 Kilometer, je nach kürzerer oder längerer Variante. Wer möchte, kann auch einmal an Bord bleiben, und die Kreuzfahrt vom Liegestuhl aus genie-

5

6

ßen. Die Ruhezeiten über Tag sind auch gut für lange Spaziergänge in Waldeinsamkeit. Die meisten jedoch bewegen sich im Sattel. »So kann man das Land geradezu mit allen Sinnen erfahren«, schwärmt Maren.

Den individuellen Radlern ohne Lust auf Gruppe gibt Dominic noch ein paar Tipps mit auf den Weg. Mal strampeln wir über unbefestigte Feld-, Wald- und Wiesenwege, mal über schmale, kaum befahrene Straßen. Zwischendurch blitzen immer mal wieder ein paar blaue Seen – insgesamt sind es dreitausend – durch das frische Grün oder duckt sich das rote Ziegeldach eines alten, einsamen Gehöfts oder Gutes in einer Senke. Auf unzähligen Firsten thronen Storchennester.

In Sadry (Zondern), sechs Kilometer westlich von Rhyn (Rhein), menschelt es hingegen. Die letzten Deutschen der Region, Kristina und Dietmar Dickti, betreiben in dem Dörfchen ein kleines Privatmuseum, das zweihundert Jahre alte »Masurische Bauernhaus« mit regionaltypischen Hausgeräten und Möbeln. Die Aufkleber von deutschen Reise- und Busunternehmen verraten, dass wir es hier mit einem touristischen Highlight zu tun haben. Souvenirs werden angeboten, aber auch ein leckerer, noch ofenwarmer Kasten-Hefekuchen, gefüllt mit Marmelade und überzogen mit

1

2

3

1 Paddeln auf Flüssen und Seen ist neben Segeln masurischer »Nationalsport«. **2** Auch die Reitmöglichkeiten sind in Ostpreußen vielfältig. **3** Nikolaiken ist das quirlige Wassersport-Zentrum Masurens. **4** Im Kamin-Restaurant des Gutshofes Galkowen bei Ukta.

Streuseln. Bei Kaffee und Kuchen gibt Frau Dickti in breitestem Ostpreußisch »Wippches« (Witze) zum Besten.

Neben Landschaft satt auch Sehenswürdigkeiten aus mehr als siebenhundert Jahren Geschichte seit der Zeit des Deutschen Ordens: den Familiensitz derer von Lehndorff in Stynort (Steinort), die Festungen in Lötzen, Rhein und Ketrzyn (Rastenburg), Kirchen in Mikolajki (Nikolaiken), Lötzen und Rastenburg, das russisch-orthodoxe Kloster der altgläubigen Philipponen in Eckertsdorf oder Gut Popiellen mit seiner Rückzuchtstation des urzeitlichen Tarpans.

Am letzten Tag haben wir einen Termin beim polnischen Reiseführer Jan Zduniak, namhafter Historiker und Buchautor. In Hitlers Wolfsschanze bei Rastenburg wird einem angesichts gesprengter meterdicker Betonmauern der Wahnsinn des »Tausendjährigen Reiches« bewusst. Neonazis lassen sich an diesem Ort daher auch nicht blicken, wie wir hören. Aber jede Menge Deutsche. »Das ist ein Stück sichtbare Geschichte«, antworten einige, befragt nach ihrem Besuchsmotiv. Zwei Denkmäler erinnern an das Attentat vom 20. Juli 1944 und den Widerstand.

Am Ende eines Tages zeigt der Tacho manchmal über sechzig Kilometer an. Trotz geruhsamen Tempos. Jeder genießt sein kühles polnisches Bier an Oberdeck mit Wald-See-Panoramablick. Krönender Abschluss eines jeden Tages nach stundenlanger Frischluft-Kur ist das sehnlichst erwartete Abendessen: polnische Suppen und Salate, ein Hauptgericht und Nachspeise. Was Küchenchef Henryk Jurowski hier in seiner »U-Boot-Miniküche« leistet, lässt auch Hermann Harz »immer wieder schon lange vorher das Wasser im Munde zusammenlaufen«. Keine große Verlockung ist daher das Luxusrestaurant der Brigg »Chopin«, die von Nikolaiken aus zum Spirdingsee segelt und neben uns liegt. Wohl aber die frisch gefangenen und gebratenen Maränen aus dem größten polnischen See – eine kulinarische Rarität.

Die Abende enden im Bord-Restaurant, und irgendwie schwingt es dabei mit, das Ostpreußen-Lied, das die »dunklen Wälder und kristallnen Seen« besingt. Jetzt können wir nachempfinden, was damit gemeint ist.

Zeit für die Masuren

Die Masurischen Seen sind durch unzählige Fließgewässer miteinander verbunden. Das erlaubt mehrtägige oder sogar mehrwöchige Touren per Paddel- oder Motorboot. Das dicht bewaldete, dünn besiedelte Land eignet sich genauso gut für ausgedehnte Radtouren und Wanderungen. All das lässt sich miteinander kombinieren.

MS »Classic Lady«

Die »Classic Lady« wurde 2003 speziell für Radtouren durch Masuren gebaut und gehört der Reederei DNV, Kornwestheim. Die technischen Daten: 44 Meter lang, 7 Meter breit, 1 Meter Tiefgang, drei Passagierdecks mit 20 Außenkabinen von jeweils 11 Quadratmeter Fläche für insgesamt 40 Passagiere (Stromanschluss 220 V), Crewmitglieder: 5 oder 6. Das Schiff verfügt über ein Panorama-Restaurant mit Bar und ein Sonnendeck. Verpflegung als Halbpension (Mittagessen an Bord möglich). Bordsprachen sind Polnisch und Deutsch, Bordwährung Euro und Złoty (keine Kreditkarten). Die täglichen geführten Radtouren mit deutschsprachiger Begleitung sind inklusive. Fahrräder können vor Ort ausgeliehen werden. An Bord herrscht familiäre Atmosphäre ohne strenge Kleiderordnung. Infos und Buchung: www.dnv-tours.de

Reisezeit Mai bis September (Anreise jeden Samstag)

Literatur zur Einstimmung

Klaus Bednarz, Fernes nahes Land – Begegnungen in Ostpreußen
Ralph Giordano, Ostpreußen ade – Reise durch ein melancholisches Land
Hans Hellmut Kirst, Gott schläft in Masuren
Hans Graf von Lehndorff, Menschen, Pferde, weites Land – Kindheits- und Jugenderinnerungen
Hans Graf von Lehndorff, Ostpreußisches Tagebuch – Aufzeichnungen eines Arztes aus den Jahren 1945–1947
Siegfried Lenz, Heimatmuseum
Siegfried Lenz, So zärtlich war Suleyken
Arno Surminski, Jokehnen oder wie lange fährt man von Ostpreußen nach Deutschland

1

2

3

4

»Wolga, Wolga, teure Mutter«

Von der Ostsee zum Kaspischen Meer

Binnenkreuzfahrten auf dem Wolga-Baltik-Wasserweg und dem Unterlauf der Wolga zeigen Russlands unterschiedliche Gesichter – einerseits die Metropolen Moskau und Sankt Petersburg, andererseits Dörfer und Klöster, Wälder und Steppen.

Im Flusshafen an der Newa liegen zwei Dutzend Kabinenschiffe. Sie gehören zu einer Flotte von über sechzig fast baugleichen Schiffen, die von Frühling bis Herbst auf den »Wasserwegen der Zaren« verkehren. Ihr Komfort ist unterschiedlich, der Fahrplan jedoch fast identisch: Bis zu drei Tage bleiben sie als »Schwimmende Hotels« in Sankt Petersburg oder Moskau, laufen danach zu einer Binnenkreuzfahrt auf Flüssen, Kanälen und Seen aus und machen nach 1321 Kilometern bis zu drei Tage in Moskau bzw. Sankt Petersburg fest. Die »Viking Kirov« ist dank dem Wikinger-Drachenboot mit einem rotweißen Segel am Schornstein leicht erkennbar. Wenn am Morgen die 210 Passagiere mit Lunchboxen von Bord gehen, stehen an der Pier Reiseleiterinnen und Autobusse bereit, um sie zum Sightseeing in das zwölf Kilometer entfernte Sankt Petersburg zu fahren.

»Es gibt nichts Schöneres als den Newski Prospekt, jedenfalls nicht in Petersburg«, schrieb vor gut hundert Jahren der Schriftsteller Nikolai Gogol. Der 4,5 Kilometer lange Boulevard ist nach wie vor die beliebteste Flanier- und Shoppingmeile, gesäumt von Adelspalais, Luxushotels, Modeboutiquen, Nobelwarenhäusern, Kirchen und Cafés. Modisch gekleidete Russinnen stöckeln auf High Heels, »Bisnesmeni«, eilen zur nächsten Besprechung, weiße Stretch-Limousinen gehören zum Straßenbild. Nur einen Steinwurf entfernt sind die Häuser verfallen, die Straßen von Schlaglöchern übersät, die vor der Haustür geparkten Ladas verrostet.

Die Ermitage in den prunkvollen Räumen der einstigen Zarenresidenz gehört zu den bedeutendsten Kunstsammlungen der Welt, in der sich täglich 40 000 Besucher an zwei Millionen Exponaten vorbeischieben. Nicht nur die Alten Meister sind lückenlos vertreten, sondern auch Impressionisten, Pointillisten, Fauvisten und Kubisten. Von der Prunkentfaltung der Zaren zeugen die Sommerpaläste in der Umgebung. Inmitten eines achthundert Hektar großen Parks liegt Schloss Peterhof, vor dem Springbrunnen, Fontänen, Wasser-

1 Kosaken-Show in Sankt Petersburg. **2** Die »Viking Kirov« verkehrt auf dem Wolga-Baltik-Wasserweg zwischen Sankt Petersburg und Moskau. **3** Kutscher im Museumsdorf Mandrogi am Fluss Swir. Hier gibt es Souvenirläden, Handwerksbetriebe und ein Wodka-Museum **4** Unterwegs auf der Wolga.

1

2

3

fälle und vergoldete Statuen die imposante Große Kaskade bilden. Über das ganze Areal verstreut Lustschlösschen und künstliche Seen. Bei Besuchern besonders beliebt sind die witzigen Wasserspiele – sie haben die Form eines Regenschirms oder einer Rose und bespritzen ahnungslose Parkbummler.
Zarskoje Selo ist ein dreihundert Meter langer blau-weißer Barockpalast. Hier gehen die Besucher durch reich vergoldete Zimmerfluchten und bestaunen das Bernsteinzimmer, eine Rekonstruktion des seit dem Zweiten Weltkrieg verschollenen Originals. Im riesigen, von schnurgeraden Alleen und gewundenen Wegen durchzogenen Park spiegeln sich Pavillons, Denkmäler, künstliche Ruinen und ein Chinesisches Dorf in Teichen und Wasserläufen.
Die »Viking Kirov« legt ab, fährt die Newa hoch und erreicht nach nur 72 Kilometern den Ladogasee. Er ist Europas größter See – doppelt so groß wie der Freistaat Bayern – und für seine herbstlichen Stürme mit bis zu fünf Meter hohen Wellen gefürchtet. Doch das Wasser ist spiegelglatt, der abendliche Himmel knallrot, der Sonnenuntergang spektakulär. Das Schiff biegt in die kurvenreiche, auf beiden Seiten von dichten Wäldern gesäumte Swir ein und erreicht den Onegasee, den zweitgrößten europäischen See.
Alle Passagiere stehen fotografierend an der Steuerbordreling, als auf der Insel Kischi die Verklärungskirche in Sicht kommt: Baujahr 1714, knapp vierzig Meter hoch, ganz aus Holz und von zweiundzwanzig zwiebelförmigen Kuppeln überragt. Um das altehrwürdige Gotteshaus gruppieren sich weitere Kirchen, Bauernhäuser, Scheunen und eine Windmühle. Das Freilichtmuseum dokumentiert Russlands Volksarchitektur aus zwei Jahrhunderten.
Der Binnenkreuzer geht auf Südkurs und steigt in sechs Schleusen 81 Meter in die Höhe. Auf dem Wasser herrscht reger Verkehr, sind weiße Passagierschiffe, schnelle Tragflächenboote und hoch mit Baumstämmen beladene Frachter unterwegs. Am Ufer erstrecken sich Wälder, liegen Dörfer, Kirchen und Klöster, gelegentlich auch vergammelte Industrieanlagen. Die Passagiere erleben ein ländliches Russland, die Reiseleiter referieren über Geschichte, Kultur, Politik und russischen Alltag.
Bis ins 18. Jahrhundert war eine Reise von Sankt Petersburg nach Moskau beschwerlich und dauerte fast drei Monate. Es gab gefährliche Stromschnellen – immer wieder mussten die Boote zum nächsten Wasserlauf über Land geschleppt werden. Erst Zar Peter der Große (1672–1725) fand eine Lösung: »Wir haben beschlos-

1 Die Peter-und-Paul-Kathedrale in Sankt Petersburg ist die letzte Ruhestätte der Zaren. **2** »Schwanensee« in der Originalchoreografie. **3** Die Ermitage gehört zu den bedeutendsten Kunstsammlungen. **4** Die Zwiebeltürme der Kirche von Zarskoje Selo. **5** Die Große Kaskade im Peterhof.

sen, die wichtigsten Flüsse des Reichs zu einem Wassersystem zusammenzuführen.« Als Handelsweg sollte es Russland zur politischen und wirtschaftlichen Großmacht machen. Begradigungen und Schleusen zähmten die Flüsse, Kanäle verbanden sie mit Seen und Stauseen. Eine Herkulesarbeit, die erst im 20. Jahrhundert abgeschlossen wurde. Heute verbindet der Wolga-Baltik-Wasserweg Moskau mit fünf Meeren: dem Weißen Meer, der Ostsee, dem Kaspischen, dem Schwarzen und dem Asowschen Meer. Immer wieder macht die »Viking Kirov« fest, gehen die Passagiere an Land. Goritzy sieht noch genauso aus, wie Gogol ein russisches Dorf beschrieben hat: »Hinfällige malerische Häuschen, doch schön durch ihre Buntfarbigkeit.« Das nahe gelegene Kirillo-Kloster erinnert mit seinen hohen Mauern an eine Festung, heute ist es ein einzigartiges Museum mit Fresken und Ikonen aus mehreren Jahrhunderten.

Bei der Doppelschleuse von Rybinsk biegt das Schiff in die Wolga ein. In Jaroslavl gibt es für 600 000 Einwohner 170 Kirchen – vor der russischen Revolution sollen es doppelt so viele gewesen sein. In Uglitsch ragen die sechs blauen Zwiebeltürme der Dimitri-Blut-Kirche direkt vor dem Schiffsbug hoch. Der Gang dorthin durch eine Lindenallee wird zum Spießrutenlauf: Hunderte von Souvenirständen mit Tausenden von Matrjoschkas, den traditionellen Puppen in der Puppe. Nur wenige der eiförmigen Holzfiguren stellen Bäuerinnen mit buntem Kopftuch und rundem Gesicht dar, der Verkaufsschlager sind Popstars und Politiker als Matrjoschkas: Elvis Presley steht neben John Lennon und Michael Jackson, Obama neben Castro, Bin Laden, Putin und Merkel.
Das Kabinenschiff setzt seine Fahrt auf der jetzt gestauten Wolga fort. Bei der Flutung verschwanden Dutzende Dörfer und Städte im Wasser, aus dem einzig noch die Spitze eines Kirchturms herausragt. Hier ist das Naherholungsgebiet der Moskowiter mit Badestränden und Yachthäfen, Datschen und Villen. Bei Dubna verlässt die »Viking Kirov« den Fluss, um die letzten 124 Kilometer auf dem Moskau-Kanal zurückzulegen. Mit dieser künstlichen Wasserstraße schloss Josef Stalin eine Lücke im Projekt Peters des Großen. Während fünf Jahren schufteten gleichzeitig bis zu 200 000

6

1 Das Sergios-Dreifaltigkeits-Kloster bei Moskau ist ein Wallfahrtsort. **2** Ikonostase der Sergios-Kirche. **3** Das Kloster gehört zum UNESCO-Weltkulturerbe. **4** Wolga-Schleuse. **5** Die Museumsinsel Kischi im Onegasee. **6** Aus dem Uglitscher Stausee ragt ein 70 Meter hoher Glockenturm hoch.

Menschen – mehrheitlich Gulag-Sträflinge – unter un-menschlichen Bedingungen, im Winter bei minus dreißig Grad. Mit Hacken und Schaufeln gruben sie ein 85 Meter breites Flussbett, errichteten sechs Schleusen, über die sich Triumphbögen spannen – mal mit den drei Kolumbus-Karavellen, mal mit einem muskelbepackten Arbeiter und einer drallen Bäuerin auf dem Dach.
In Moskaus nördlichem Binnenhafen, dessen Terminal vage Ähnlichkeiten mit einem Ozeandampfer hat, ist die Schiffsreise zu Ende: Die nächsten drei Tage besichtigen die Passagiere Russlands Hauptstadt mit Bus, Untergrundbahn und zu Fuß. Sie entdecken eine Stadt, die sich seit dem Kollaps des Sowjetsystems radikal verändert hat. Rund um die Uhr werden Häuser abgebrochen und Konsumtempel oder Luxushotels hochgezogen. Auf den Straßen verkehren Stoßstange an Stoßstange Nobelautos. Im vormals populären Warenhaus GUM am Roten Platz haben sich westliche Designer-Shops niedergelassen. Längst ist Moskau Europas teu-

1

2

1 Der Kreml in Moskau. **2** Die Basilius-Kathedrale auf dem Roten Platz. **3** Vergoldete Zwiebeltürme überragen die Christi-Verkündigungs-Kathedrale im Kreml. **4** Im GUM dominieren heute westliche Luxusgeschäfte. **5** In der Fußgängerzone des Arbat-Viertels sind Touristen unter sich.

erste Metropole, in der 35 Milliardäre leben – in ganz Deutschland sind es 54. Einerseits protzen Neureiche ungeniert mit ihrem Reichtum, andererseits liegt der durchschnittliche Monatslohn der elf Millionen Moskauer bei 380 Euro.

Die Binnenkreuzfahrer besuchen den von einer Backsteinmauer umgebenen Kreml, fotografieren die riesige Zarenkanone, aus der nie ein Schuss abgefeuert wurde, und stehen beeindruckt vor den vergoldeten Kuppeln der Mariä-Himmelfahrts-Kathedrale. Auf dem Roten Platz lassen sie das Lenin-Mausoleum achtlos links liegen, ihr Interesse gilt der farbenprächtigen Basilius-Kathedrale mit ihrem Wald aus Zwiebeltürmen. In der Fußgängerzone des Arbat-Viertels, einst Moskaus »Montmartre«, bleiben Touristen unter sich. Hier warten Porträtmaler auf Kundschaft und produzieren sich Straßenkünstler, stehen Souvenirläden neben Fast-Food-Lokalen, Pizzerien und russischen Gaststätten. Auf dem Ausflug

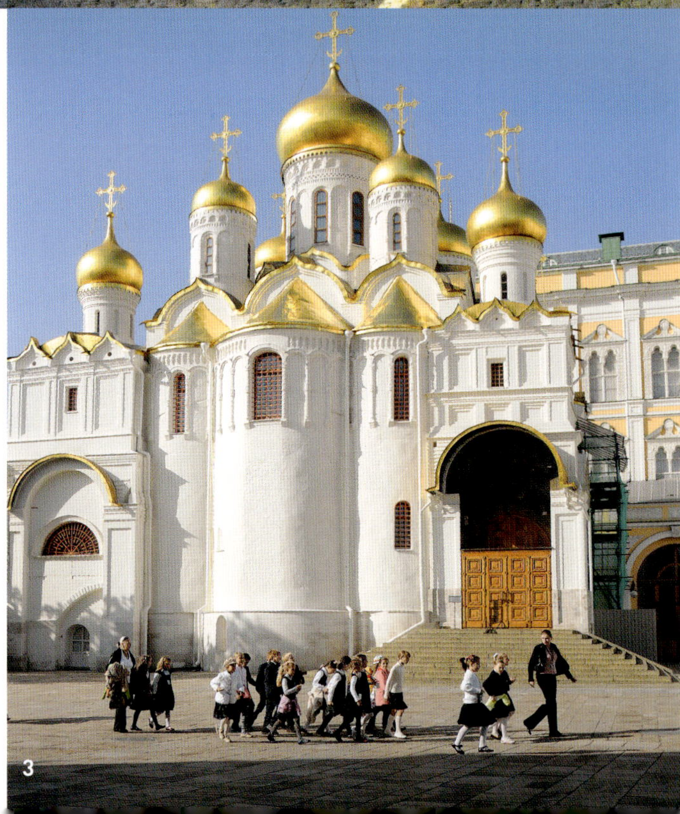

3

4

5

zum Sergios-Dreifaltigkeits-Kloster in Sergiev Posad, das Stalin in Sargorsk umbenennen ließ, erlebt man die nach wie vor tiefe russische Religiosität. Scharenweise pilgern Familien, Senioren, Soldaten und Teenager zum Wallfahrtsort, um zu beten und aus einem Brunnen »heiliges Wasser« in Plastikflaschen abzufüllen.

Abends stehen für die »Viking Kirov«-Passagiere Folklore, das Ballett »Schwanensee« und ein nächtlicher Stadtspaziergang auf dem Programm. Überraschend viele Denkmäler, Kirchen und Paläste sind von Scheinwerfern angestrahlt oder mit Lampengirlanden geschmückt. Das einst freudlose Mekka des Kommunismus hat sich zur Boomtown mit Weltstadt-Ambitionen gemausert. Selbst das gern »Lichterstadt« genannte Paris leistet sich nicht den Luxus dieser verschwenderischen Lichtfülle.

Der Wolga-Baltik-Wasserweg zieht Urlauber aus aller Welt an. Ohne Kofferpacken besuchen sie die Metropolen Moskau und Sankt Petersburg und erleben auch das ländliche Russland. Auf der Wolga sind sie allerdings »nur« 350 Kilometer unterwegs, die Faszination von Europas längstem und wasserreichstem Fluss können sie daher nur erahnen. Doch Reisen auf dem Unterlauf, an dessen Ufern Geschichte lebendig wird, werden außerhalb Russlands nur selten von Reiseveranstaltern angeboten.

Die Wolga entspringt nordwestlich von Moskau in den Waldaihöhen beim Dorf Wolgowerchowje, fließt ostwärts, macht einen weiten Bogen um die Hauptstadt, geht auf Südkurs, biegt bei Wolgograd nach Südosten ab und mündet nach 3530 Kilometern ins Kaspische Meer. Für Russen ist sie kein gewöhnlicher Fluss, sondern »Mütterchen Wolga«, die nicht nur als Verkehrsader, Stromlieferant und Trinkwasserreservoir dient, sondern auch, so ein Sprichwort, »im Herzen jedes Russen fließt«. Wie kein anderer Fluss wird sie denn auch in Liedern besungen, von Dichtern gerühmt und von Schriftstellern beschrieben. Vor dem Dampfzeitalter treidelten Burlaken (Wolgaschlepper) mit Seilen schwer beladene Boote und spornten sich mit »Ey ukhnyem! Ey ukhnyem!« (Hau ruck! Hau ruck!) an. Ihnen ist das populäre »Lied der Wolgaschlepper« gewidmet: »Hau ruck! Hau ruck! / Noch einmal, noch einmal, noch einmal. / Wolga, Wolga, unser Stolz, / Mächtiger Strom so tief und breit.« Nicht weniger bekannt ist das Volkslied »Stenka Rasin«: »Wolga, Wolga, teure Mutter / Wolga, Russlands Strom«.

1 In Wolgograd (Stalingrad) erinnert auf dem Mamajew-Hügel die Statue der »Mutter Heimat« an die Schlacht um Stalingrad im Zweiten Weltkrieg. **2** Die »Allee der Helden« führt von der Wolga in die Stadt. **3** Das Panoramamuseum (links) dokumentiert die Schlacht um Stalingrad.

Maxim Gorki (1868–1936), der in seiner Jugend als Geschirrwäscher oder blinder Passagier auf Dampfschiffen die Wolga bereiste, beschrieb immer wieder das Leben an und auf dem Fluss: »Die Mitreisenden nahmen unter lauten Gesprächen zum Tee Platz; Kellner hasteten den Laufsteg entlang, die Tische zu decken; unten in der dritten Klasse, am Heck des Schiffes, lachte ein Kind, winselte eine Harmonika.« Und: »Bevor der Steuermann sich ans Ruder stellte, goss er eine Flasche Wodka in eine hölzerne Kelle, trank ihn, als wäre es Wasser, nur einmal absetzend, aus und aß darauf einen Apfel.«

Wer heute auf der »Nikolay Bauman« reist, einem der wenigen Kabinenschiffe, die mit Westtouristen den Unterlauf der Wolga befahren, hat mehr Komfort und keinen alkoholisierten Steuermann. In Nischni Nowgorod, wo Maxim Gorki geboren wurde und der Friedensnobelpreisträger Andrej Sacharow acht Jahre in Verbannung lebte, bummeln die Kreuzfahrer durch Straßen mit schönen Häusern aus dem 18. und 19. Jahrhundert. In Kasan sehen sie Kirchtürme und Minarette einträchtig nebeneinander stehen. In Uljanowsk, benannt nach Wladimir Iljitsch Lenin, der eigentlich Uljanow hieß, besuchen sie das marmorne Lenin-Memorial, in dessen Innenhof sich neben dem Geburtshaus auch das spätere Wohnhaus des russischen Revolutionärs befindet.

Schließlich Wolgograd, das frühere Stalingrad. Die Schlacht um Stalingrad, die von August 1942 bis Januar 1943 dauerte, brachte mit der Niederlage von Hitlers 6. Armee die Wende des Zweiten Weltkriegs. Die Stadt wurde vollständig zerstört, über eine Million Landser und Rotarmisten fanden den Tod – erschossen, erfroren, verhungert. 90 000 deutsche Soldaten gerieten in Gefangenschaft, nur 6000 kehrten in die Heimat zurück. An das Grauen von einst erinnern Skulpturen und Museen, die Ehrenhalle mit einem Ewigen Feuer, beschallt von Schumanns »Träumerei«-Melodie, und die 82 Meter hohe Monumentalstatue »Mutter Heimat« auf dem damals heiß umkämpften Mamajew-Hügel. »Möge ihr Aufenthalt in Wolgograd dazu beitragen, die Freundschaft zwischen unseren Völkern zu festigen«, wünscht sich die russische Stadtführerin einer deutschen Besuchergruppe.

Zeit für die Wolga

MS »Viking Kirov«

Die »Viking Kirov« wurde 1988 gefertigt, nach dem 1934 ermordeten Parteifunktionär Sergei Kirov benannt und 2009 komplett umgebaut. Sie verfügt über 102 Doppelkabinen, zwei Einzelkabinen und zwei Suiten, die für ein Flussschiff überraschend groß sind. Es gibt zwei Bars, auf zwei Decks eine rundum führende Promenade sowie einen Lift – Letzterer ist eine Seltenheit auf russischen Binnenschiffen.

Viking Flusskreuzfahrten

Mit 22 Schiffen gehört die 1997 gegründete Reederei Viking Kreuzfahrten zu den größten für Flusskreuzfahrten. Die Flotte verkehrt u.a. auf Donau, Rhein, Mosel, Elbe, Seine, Rhone, Wolga, Nil und Jangtse. Weitere Informationen in der Boschüre »Flusskreuzfahrten 2010« und im Internet unter www.vikingflusskreuzfahrten.de

Beste Reisezeit Mitte Mai bis Mitte September

Literatur zur Einstimmung

Sankt Petersburg
Nikolai Gogol, Petersburger Novellen
Alexander Puschkin, Eugen Onegin
Fjodor Dostojewski, Schuld und Sühne
Alexei Tolstoi, Peter der Erste
Wolfgang Lange (Hg.), Petersburger Träume. Ein literarisches Lesebuch

Moskau
Leo Tolstoi, Krieg und Frieden
John Le Carré, Das Russland-Haus

Wolga
Maxim Gorki, Meine Kindheit (autobiografische Trilogie)
Alexandre Dumas, Reise durch Russland
Gerhard Konzelmann, Die Wolga – Schicksalsstrom der Völker

Flussreiseführer
Andreas Sternfeldt, Flusskreuzfahrten auf der Wolga
Edeltraut Maier-Lutz, Flusskreuzfahrten in Russland

Länge 3530 km
Quelle in den Waldaihöhen nordwestlich von Moskau
Mündung ins Kaspische Meer
Schiffbar bis Twer, 100 km westlich von Dubna

1

2

3

4

Auf nach Sibirien! – Der Jenissej

Durch das »schlafende Land« zum Eismeer

Metallisch schlagende Achsen, hell klirrende Teegläser, schwankende Schachfiguren. Die fünfhundert Meter lange Wagenschlange poltert bei Krasnojarsk über die Brücke. Tief unten ein erstarrtes Flussbett: der zugefrorene Jenissej, mächtigster Fluss Sibiriens.

Umgestürzte Baumgiganten recken ihre Wurzeln in die von Mücken schwirrende Luft. Wegloses Urwalddickicht ringsum. Im sumpfigen Boden entdecken wir frische Tierfährten. Aus dem weichen Moospolster leuchten Pilzkappen in allen Farben – ein Paradies für Sammler. Ohrenbetäubende Stille. Da knackt es im Unterholz. Wir erstarren, halten den Atem an: ein Bär, ein Luchs oder ein Elch? Alles möglich hier, mitten im unendlichen »grünen Meer« der sibirischen Taiga. Auf leisen Sohlen treten wir vorsichtshalber den Rückzug an, schleichen hinunter zum Jenissej, der silbrig durch die Blätter blitzt. Verlockende Düfte steigen in die Nase. Wildhüter haben für die Taiga-Wanderer eine Fischsuppe gekocht. Plötzlich ein tiefes Dröhnen – die »Anton Tschechow«, schwimmendes Domizil für zwölf Flusstage, ruft.

»Wir Sibirier«, doziert Reiseleiterin Mila am Ufer vor ihrer internationalen Gästeschar, »haben eine geradezu mythische Beziehung zu diesem Wald, der in vielen unserer Erzählungen verherrlicht wird. Er symbolisiert die Freiheit, und seine Bewohner sind wahre Helden.« Auch heute noch geht von der Taiga eine Faszination aus. Mit fünf Millionen Quadratkilometern ist sie größer als Indien. Ein Viertel der weltweiten Holzvorräte wächst hier. »Wo endet er?«, fragte schon vor über hundert Jahren der russische Dichter Anton Tschechow und gab selbst die Antwort: »Nur die Zugvögel wissen es.« Um eine Ahnung von dieser Weite zu bekommen, bietet sich eine Flussreise auf dem Jenissej geradezu an. Mit gut viertausend Kilometern, von denen 2860 schiffbar sind, ist er von allen sibirischen Strömen der längste. Nicht umsonst nannten ihn die Ureinwohner »Joanessi«, »großes Wasser«. Anton Tschechow war einer seiner glühendsten Bewunderer. 1890 schrieb er: »In meinem ganzen Leben habe ich keinen großartigeren Fluss gesehen.« Heute dieseln überwiegend kräftige Schubverbände mit Holz, Öl und Containern auf der Wasserstraße. An den Schiffsschornsteinen glänzen vielfach noch die blank gewienerten Sowjetsymbole Hammer und

1 Babuschkas beim angeregten Plausch auf der Bank vor dem Haus. **2** Blumen hinter jedem sibirischen Fenster. **3** Gänse haben in Sibirien keine Scheu vor Motorrädern. **4** Das pompöse Gebäude des Flusshafens von Krasnojarsk, das als eine der schönsten Städte Sibiriens gilt.

1

2

Sichel. Große Seeschiffe dampfen bis Igarka, das rund siebenhundert Kilometer von der Jenissej-Mündung entfernt liegt. Beim Eismeer-Hafen Dickson am legendären Nordsibirischen Seeweg öffnet sie sich zu einem fünfzig Kilometer breiten Trichter.

Wenn der Jenissej 120 bis 200 Tage zugefroren ist, wird er zur Straße umfunktioniert. Dann übernehmen Lkws den Job der eingefrorenen Schiffe.

Nach kräftezehrenden Taigaausflügen und Rundgängen wie zum Beispiel durch die denkmalgeschützte »Goldgräberstadt« Jenissejsk, Russisch-Kursen und Diskussionsrunden, Film-, Volkslieder, Spaß- und Spiele-Abenden ist Seh-Pause angesagt. MS »Anton Tschechow« gleitet beruhigend durch das Waldmeer. Bis die Kasatschinsker Stromschnellen auftauchen. Da schnüren schroffe Klippen den gewaltigen Strom auf nur siebzig Meter Breite bei 3,20 Metern Tiefe ein. Mit achtzehn Kilometern pro Stunde schießt er dahin. Unglaubliche 14 500 bis 23 900 Kubikmeter Wasser wälzen sich pro Sekunde durch das Nadelöhr. Schwerfällige Frachter werden von einem bereitliegenden starken Vorspannschlepper durch das Wellenchaos gezerrt.

Nachts durchdröhnt plötzlich das Schiffstyphon die Stille. Kapitän Ivan Timofejevichs Signal von der Brücke, dass »Anton Tschechow« auf 66,33 Grad nördlicher Breite den Polarkreis überquert hat. Neptun und Gefolge »kommen an Bord«. Anlass für ein rauschendes, feucht-fröhliches Fest im »Land der weißen Nächte und schwarzen Tage«.

Szenenwechsel am nächsten Morgen. Wer von Sibirien spricht, denkt in erster Linie an den finsteren Gulag. Alexander Solschenizyn, selbst zehn Jahre in den »Gefängnissen ohne Gitter« eingesperrt, beschrieb das unheimliche Inselreich von Terror und Gewalt, wodurch er die Welt aufrüttelte. Weit und breit kein Baum mehr: Tundra bedeckt das Gebiet nördlich des Polarkreises. Nur noch Moose, Flechten und Zwergbüsche haben hier eine kümmerliche Überlebenschance bei wenig Sonne, kurzer Wachstumsperiode und Dauerfrostboden. Doch hier leben Menschen. Zum Beispiel in Ust Port. Früher wurde hier das über den Jenissej geflößte Holz auf Seeschiffe verladen. Die Rolle hat Dudinka übernommen. Feste Kaianlagen und Kräne erleichtern das Geschäft.

Ausbooten und Landgang. Am Strand Kinder, hellhäutige von russischen, dunkelhäutige von Nomaden. Sie strecken die Hände aus, um Kugelschreiber, Rubel oder Süßigkeiten zu ergattern. Im Gras schnarchen ein paar Gestalten in hohen Gummistiefeln. Fischer, wie wir hören, die nach drei Tagen Fangreise ihren Lohn in Wodka umgesetzt haben. Einziger Trost in einer desolaten Umgebung: Pelzfarm und Fischkonservenfabrik haben mangels Wirtschaftlichkeit dichtgemacht. Die Menschen versuchen sich als jagende und fischende Selbstversorger durchzubringen. Reißenden Absatz bei »Anton-Tschechow«-Passagieren finden kostbare Polarfuchs-Felle, nur dreizehn Dollar pro Stück. Für manchen im Ort ein lukrativer Nebenverdienst, was nicht nur bei Naturschützern umstritten ist.

Weit draußen ziehen Nenzen, die Ureinwohner der Region, mit ihren Rentierherden durch die karge Tundra. Wir steuern per Luftsprung eine Familie an, die Eigentümer von tausend Tieren ist. Traditionelle Zelte sind ihre Behausung. Ein Blick nach drinnen offenbart ärmlichste Verhältnisse: in der Mitte ein Öfchen, ringsherum Decken auf dem Boden, das ist alles. Aber sie sind stolz auf ihre Unabhängigkeit und deshalb zufrieden mit dem Wanderleben.

Während des letzten Abendessens versinkt die Sonne dunstverschleiert hinter dem weiten Fluss-Spiegel – fast programmgemäß, denn die »Anton Tschechow« hat längst Kurs auf den Ausschiffungshafen Dudinka genommen.

1 Die »Anton Tschechow« duckt sich hinter einem Ufer-Eiswall. 2 Weiter Blick über die stille sibirische Flusslandschaft. 3 Die »Anton Tschechow« gehört zu den wenigen Binnenkreuzern mit einem Hallenbad.

Zeit für den Jenissej

MS »Anton Tschechow«

Gebaut 1978 bei der Österreichischen Schiffswerft Linz-Korneuburg/Donau; Renovierung 1993; 3000 BRZ; 115,60 Meter Länge; 16,50 Meter Breite; 13 Meter Höhe; 2,80 Meter Tiefgang. – Drei russische Maschinen à 900 PS; drei Verstellpropeller; Geschwindigkeit 15 Knoten, Bunkerkapazität 180 Tonnen (Treibstoffverbrauch während einer 21-Tage-Reise Krasnojarsk-Ust Port-Krasnojarsk: 120 Tonnen). – West-Management, Nautiker: Russen, Schlüsselpositionen im Hotel- und Restaurantbereich: Österreicher und Russen.
184 Passagiere auf drei Decks in 72 komfortablen Doppel-, 22 Einzel- und sechs Dreibettkabinen (alle haben Dusche/WC/Klimaanlage, große Fenster und sind außen gelegen); eine Aufbesserung der Innenausstattung ist vorgesehen. – Zwei Restaurants (eine Sitzung), Hallenbad, Leseraum, Sonnendeck, Souvenir-Shop, Schiffsarzt, Friseur, Sauna, Wäscherei, kein Lift; Bordsprachen: Deutsch, Englisch, Russisch; begleitete Landausflüge entsprechend. – Winterstandort: Trockendock Krasnojarsk (Überholung, Schutz vor Eis).
Schwesterschiff **»Leo Tolstoi«** (Einsatzgebiet: russische Flüsse und Kanäle).

Veranstalter Olympia-Reisen

Reisezeit Juni bis September

Leseempfehlungen

Benson Bobrick, Land der Schmerzen, Land der Hoffnung – Die Geschichte Sibiriens
Edeltraut Maier-Lutz, Flusskreuzfahrten in Russland
Anke Rüsch, Unterwegs auf russischen Flüssen (Selbstverlag Tel./Fax 06085/801)

Quelle Großer Jenissej: im Östlichen Sajan
Kleiner Jenissej: in der Mongolei
Jenissej entsteht bei Kysyl in Tuwa aus diesen Quellflüssen
Länge 4092 km
Schiffbar bis in das Minussinsker Becken (bis Sajanogorsk)
Mündung in die Jenissej-Bucht der Karasee

Frankreich

Frankreich verfügt über Europas dichtestes Wasserstraßennetz.
Zu den populären Ausflugszielen einer Rhone-Fahrt gehört der Pont-du-Gard.

1

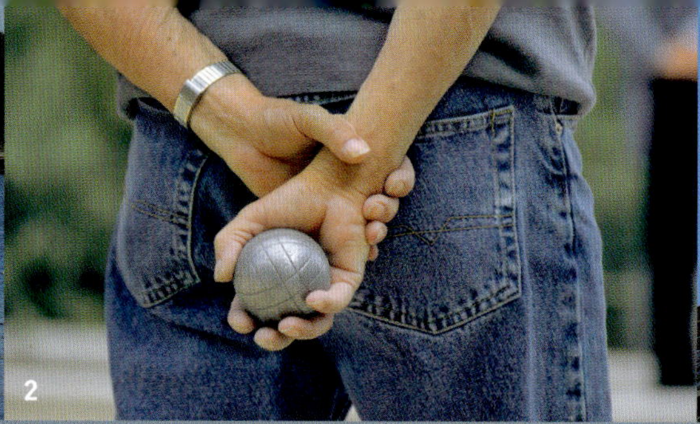
2

3

4

»Die Seine ist glücklich«

Von Paris zum Atlantischen Ozean

Wie kein anderer Fluss ist die Seine mit Frankreichs Geschichte und Kultur verbunden. Dichter haben sie besungen, Schriftsteller beschrieben und Maler auf Leinwand gebannt.

Die Seine entspringt bei Dijon, fließt in Richtung Paris, durchquert die Hauptstadt und mündet nach 776 Kilometern bei Le Havre in den Ärmelkanal. Loire, Rhone und Meuse sind länger, doch die Seine hat mehr Prestige. Sie ist der Fluss der Kapitale und deren Zugang zum Meer. Für Napoleon waren »Le Havre, Rouen und Paris eine einzige Stadt mit der Seine als Hauptstraße«.

An der Seine konzentriert sich Geschichte, fanden Schriftsteller und Maler Inspiration. Bereits Galliern und Römern, die sie als Gottheit verehrten, diente der Fluss als Transportweg. Danach ruderten die Wikinger in Drachenbooten bis nach Paris, um die Stadt gleich fünf Mal zu belagern. Jahrhunderte später siedelte sich an den Ufern die Industrie an, malte Claude Monet mit kurzen Pinselstrichen einen Sonnenaufgang im Hafen von Le Havre und nannte das kleinformatige Bild »Impression, soleil levant« – »Impression, Sonnenaufgang«. Die Hafenanlagen sind schemenhaft im Morgennebel zu erahnen, die orange Sonne spiegelt sich im blaugrauen Wasser. Als es 1874 in einer Pariser Kunstausstellung hing, schimpften die Besucher »Schmiererei!«, während die Kritiker Monet als »Impressionisten« verspotteten. Monets Gemälde gab nicht nur einer Kunstrichtung den Namen, sondern steht auch am Anfang der klassischen Moderne in der Malerei. In Monets Fußstapfen kamen Dutzende von Künstlern, fasziniert von Landschaft und Licht, ins Tal der Seine, um ihre Staffelei aufzustellen – unter anderen Gauguin, Seurat, van Gogh, Signac, Vlaminck, Cézanne und Dufy.

1837 schrieb Victor Hugo während einer Seine-Kreuzfahrt in einem Brief: »Ich habe nicht genug Papier, um dir zu sagen, wie schön es ist.« Er schwärmte von zauberhaften Ufern mit sanften Hügeln und steilen Klippen. Hundert Jahre danach verfasste Jacques Prévert das »Lied von der Seine«: »Die Seine ist glücklich / Und Sorgen kennt sie kaum. / Sie fließt dahin so sacht / Am Tag und in der Nacht. / Sie fließt bis nach Le Havre / Und fließt bis in das Meer.« Dabei lässt sich die Seine reichlich Zeit – Luftlinie sind es von Paris bis zur Seine-Mündung 170 Kilometer, doch

1 Die »Rhône Princess« unternimmt Kreuzfahrten auf der Seine von Paris nach Honfleur. **2** Am Seine-Ufer werfen Franzosen ihre Boule-Kugeln. **3** Reiterstatue der Jeanne d'Arc in Paris. **4** Paris ist Frankreichs größter Binnenhafen und hat im Stadtwappen ein Segelschiff.

1 und **2** Seine-Kreuzfahrten beginnen mit einer Rundfahrt durch Paris. **3** Vor dem Bug steht der Eiffelturm, hinter dem Heck eine Kopie der New Yorker Freiheitsstatue. **4** Claude Monets Garten in Giverny. **5** In Paris führen 37 Brücken über die Seine. **6** Salsa-Party am Seine-Ufer in Paris.

der Fluss vertrödelt 365 Kilometer, bis er den Atlantik erreicht. Traditionell beginnen Kreuzfahrten auf der Seine mit einer Fahrt durch das nächtliche Paris, vorbei an angestrahlten Gebäuden und dem von innen beleuchteten Eiffelturm – vorausgesetzt, der Wasserstand erlaubt die Unterquerung der Brücken. Am nächsten Morgen heißt es »Leinen los!«, gleitet die »Rhône Princess« flussabwärts. Nach den tristen Vororten mit Fabriken und Mietskasernen ändert der Fluss sein Gesicht: schroffe Kalksteinfelsen, saftige Wiesen und ausgedehnte Wälder, imposante Burgruinen, schilfbedeckte Bauernhäuser und kleine Dörfer mit großen Kirchen. Der Kapitän steuert das Kabinenschiff durch zahllose weite Windungen, gelegentlich überquert ein Fährschiff den Fluss oder tuckert ein Frachtkahn vorbei. Frankreichs Regierung hat den Massentransport weitgehend auf die Straße verlagert.
Wo die Seine beim Städtchen Les Andelys von Nordosten nach Südwesten abbiegt, ließ Richard Löwenherz, König von England

5

6

und Herzog der Normandie, im 12. Jahrhundert auf einem steilen Kalksteinfelsen die Festung Château-Gaillard errichten. Sie wechselte wiederholt den Besitzer, war mal englisch, mal französisch. Im Jahr 1204 wurde sie von den Franzosen nach mehrmonatiger Belagerung erobert und zerstört. Das vier Jahrhunderte jüngere, wenige Kilometer nördlich gelegene Château de Vascoeuil ist ein Kulturzentrum, sein Garten à la française ein viel besuchtes Freilichtmuseum mit fünfzig Statuen und Mosaiken von Künstlern wie Braque, Cocteau, Dalí und Vasarely.

Rouen, das 120 Kilometer vom Meer entfernt beiderseits der Seine liegt, hat zwei Gesichter: Es ist eine Hafenstadt, die sowohl von Fluss- als von Hochseeschiffen angelaufen wird. Alljährlich sind es über dreitausend Tanker und Container-Riesen, aber auch bis zu vierzig Kreuzfahrtschiffe. Alle vier bis fünf Jahre treffen sich hier Großsegler aus aller Welt zur Nostalgie-Parade, die regelmäßig Hunderttausende Schaulustige anlockt. Rouen nennt sich aber auch »Ville Musée«, Museumsstadt, mit Hunderten restaurierter Gebäude, darunter zahlreiche Fachwerkhäuser. Brüssel hat einen Manneke Pis, Rouen deren zwei. Die von Claude Monet aus verschiedenen Blickwinkeln und bei unterschiedlichem Licht immer wieder gemalte gotische Kathedrale Notre-Dame überragen drei Türme, wovon der mittlere mit 151 Metern der höchste eines französischen Gotteshauses ist.

Das größte Interesse der Besucher gilt indes einer jungen Frau, die – erst neunzehnjährig – nach einem dreimonatigen Prozess als »chronisch rückfällige Ketzerin« auf dem Scheiterhaufen verbrannt, 1456 rehabilitiert, 1920 heiliggesprochen wurde und von Franzosen als Nationalheilige verehrt wird: Jeanne d'Arc, in Frankreich auch Pucelle (Jungfrau), im deutschen Sprachraum Jungfrau von Orleans genannt. Auf der Place du Vieux-Marché, wo sie, von 10 000 Menschen begafft, den Tod fand, erinnern an sie die Kirche Sainte-Jeanne-d'Arc, ein Denkmal in Form einer aufsteigenden Flamme, eine Statue und eine von Blumen umgebene Tafel, auf der in drei Sprachen zu lesen ist: »Die Stelle, an der die Jungfrau von Orleans am 30. Mai 1431 verbrannt wurde«. Schräg gegenüber stellt ein Wachsfigurenkabinett mit lebensgroßen Figuren ihren Lebensweg nach: Auf dem elterlichen Bauernhof hört sie Stimmen, zieht für den französischen König in den Krieg gegen England, wird von einem geistlichen Gericht zum Tode verurteilt, zum Richtplatz gekarrt und verbrannt. Nach der Nationalheiligen sind in Rouen auch eine Straße, eine Brücke, eine Immobilienfirma und eine Tiefgarage benannt.

1

Die »Rhône Princess« verlässt Rouen, fährt flussabwärts, vorbei an Lagerhäusern, Ölraffinerien und Schiffswerften. Kurz bevor der Kabinenkreuzer das Mündungsdelta erreicht, verbindet der Pont de Normandie die Stadt Le Havre am rechten Ufer mit dem Städtchen Honfleur am linken Seine-Ufer. Die überaus elegante Brücke ist an zwei 215 Meter hohen Pylonen mit 184 fächerartig angeordneten Kabeln aufgehängt, 856 Meter schweben frei 56 Meter über dem Fluss. In Europa weist keine andere Schrägseilbrücke, so der Fachausdruck, diese Spannweite auf. Das dreihundert Millionen Euro teure technische Wunderwerk soll selbst Windgeschwindigkeiten von 180 Stundenkilometern überstehen. Allerdings wird es bei Starkwind für Lkws gesperrt, weil sie dem Wind eine zu große Angriffsfläche bieten.

Einst war Honfleur, dessen Kern mit Fachwerkhäusern und kopfsteingepflasterten Gassen unter Denkmalschutz steht, ein Freiluftatelier der Impressionisten. Heute droht es im Sommer, wenn sich Touristen gegenseitig auf die Füße treten, seinen Charme zu verlieren. Im rechteckigen Vieux-Bassin, dem alten Hafenbecken, spiegeln sich farbige Fischerboote und schneeweiße Segelyachten. Auf der linken Seite stehen repräsentative, meist zweistöckige Residenzen, auf der rechten drängen sich schmale, nur ein Zimmer tiefe, doch bis siebenstöckige Bürgerhäuser, werden auf der Terrasse der Restaurants vorzugsweise Fische, Muscheln, Austern und Hummer serviert. Die Kirche Sainte-Cathérine stammt aus dem 15. Jahrhundert, ist ganz aus Holz gebaut – ihre Decke erinnert an zwei auf den Kopf gestellte Schiffsrümpfe.

Honfleurs berühmtester Sohn, der große moderne Komponist Erik Satie (1860–1925), wurde in der Rue Haute geboren – das Haus ist heute Museum. Satie, der unter anderem »Drei Stücke in Birnenform« komponierte und Platons Dialoge in Musik umsetzte, gehört zu Frankreichs originellsten Musikern. 1917 sorgte das Ballett »Parade« – Idee: Jean Cocteau, Musik: Erik Satie, Kostüme und Bühnenbild: Pablo Picasso – bei der Pariser Uraufführung für einen handfesten Skandal. Kein Wunder bei einer Partitur, die auch eine Schreibmaschine, ein Nebelhorn und eine Pistole vorsah.

Das Städtchen ist für Binnenkreuzfahrer Ausgangspunkt für Ausflüge. Im normannischen Hinterland fahren sie über kurvenreiche, von Bäumen oder Hecken gesäumte Straßen, vorbei an Châteaux und Manoirs – Schlössern und Landsitzen –, an Apfelbäumen und Kühen. Äpfel und Milch bilden die Basis der drei bekanntesten kulinarischen Spezialitäten der Normandie, die alle mit C beginnen: Cidre, Calvados und Camembert. Der alkoholarme Apfelmost

1 Blick vom Château-Gaillard auf die Seine und das Städtchen Les Andelys. **2** Monet malte die Kathedrale Notre-Dame in Rouen 33 Mal aus verschiedenen Blickwinkeln. **3** In Rouen informiert eine Tafel, dass hier 1431 die Jungfrau von Orleans auf einem Scheiterhaufen verbrannt wurde.

Cidre ist ein beliebter, aus Tonkrügen ausgeschenkter Durstlöscher. Der in Eichenfässern ausgereifte Apfelschnaps Calvados wird vorwiegend als Digestif getrunken. Den Weichkäse Camembert soll 1791 die Bäuerin Marie Harel im Weiler Camembert »erfunden« haben.

Deauville ist seit der Belle Époque der sommerliche Treffpunkt von Frankreichs Schickeria. Die Nobelhotels haben nostalgischen Charme, auf dem breiten Sandstrand steht ein Wald von farbigen Sonnenschirmen, auf der hölzernen Strandpromenade wird flaniert und tragen die Umkleidekabinen die Namen von Hollywoodstars und anderen VIPs, die sich hier aus- und wieder angezogen haben: Elisabeth Taylor, Kim Novak und Lauren Bacall, Clint Eastwood, John Travolta und Pierce Brosnan. Sie alle waren Ehrengäste beim Festival des amerikanischen Films, das alljährlich im September in Deauville stattfindet.

Am Südende des sanft geschwungenen Kieselstrandes von Etretat, den Bunker des einstigen Atlantikwalls flankieren, ragen zwei spektakuläre Kalkklippen aus dem Wasser: ein natürliches Felsentor, das an einen Elefantenkopf erinnert, dahinter eine siebzig Meter hohe, von Wind und Wellen bizarr geformte Felsnadel. Letztere soll innen hohl ein, nachzulesen in Maurice Leblancs Abenteuerroman »Arsène Lupin und der Schatz der Könige von Frankreich«. Der charmante Gentleman-Einbrecher Lupin hortet hier seine geraubten Schätze, neben mehreren Raffaels, Rembrandts und Tizians auch Leonardo da Vincis »Mona Lisa« – im Pariser Louvre soll eine Kopie hängen.

Auf der Rückfahrt nach Paris legt die »Rhône Princess« in Caudebec-en-Caux an. Ein Museum dokumentiert die Schifffahrt auf der Seine, ein steinernes Wasserflugzeug in Originalgröße, das an einer Felswand klebt, erinnert an eine tragisch verlaufene Rettungsaktion. Nachdem Umberto Nobile 1928 den Nordpol überflogen hatte, stürzte sein Luftschiff »Italia« vor Spitzbergen ab. Mit einem zweimotorigen Wasserflugzeug der Fabrik Latham in Caudebec-en-Caux startete ein Team mit Roald Amundsen in die Arktis, um die Italiener zu suchen. Seither ist die Maschine verschollen. Ein schwedisches Flugzeug und ein russischer Eisbrecher retteten die Männer der Nobile-Expedition.

1 Honfleur ist ein hübsches Hafenstädtchen. **2** In der Kapelle Notre-Dame-de-Grâce befinden sich Votivtafeln und -bilder von Seeleuten. Das Bild zeigt Herzog Richard II. bei seiner Rettung in Seenot. **3** Strand von Deauville.

Bevor das Kabinenschiff im Heimathafen Paris festmacht, macht es einen Stopp in Vernon zum Besuch von Claude Monets Garten in Giverny. Hier lebte der Maler von 1883 bis zu seinem Tod 1926 und schuf seine berühmt gewordenen Seerosenbilder, die alljährlich 400 000 Touristen aus aller Welt anlocken. Sie werfen im Wohnhaus einen Blick in Küche und Esszimmer, schlendern durch den geometrisch angelegten Blumengarten und bestaunen den von Seerosen übersäten Wassergarten. Kaum ein Besucher, der sich nicht auf der »Japanischen Brücke« fotografieren lässt. Im riesigen Souvenir-Shop, dem ehemaligen Atelier des rauschebärtigen Malers, biegen sich die Regale unter Kaffeetassen, Krawatten und Kalendern, Halstüchern, T-Shirts und Regenschirmen – alle mit Monets Seerosen bedruckt. Ein Original wäre teurer. 2008 wechselte auf einer Kunstauktion ein großformatiges Seerosenbild für 51 Millionen Euro den Besitzer.

Zeit für die Seine

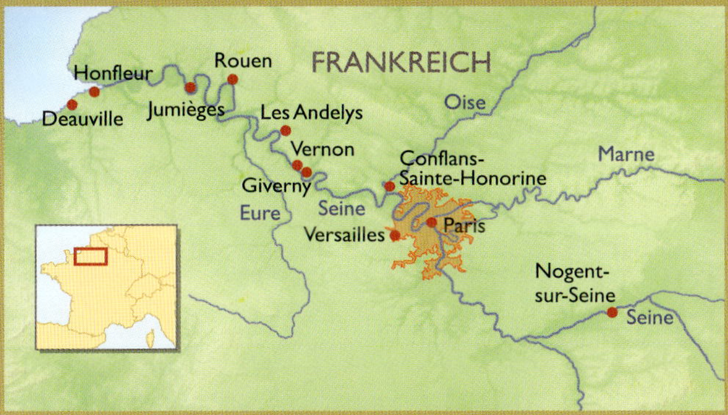

MS »Rhône Princess«

Der elegant gestylte, 2001 in Belgien gebaute Kabinenkreuzer mit der Trikolore am Heck verfügt über Doppelkabinen für 138 Passagiere auf zwei Decks. Die Kabinen haben Panoramafenster, aber keine Balkone. Die Atmosphäre ist familiär, Küche und Bordsprache sind Französisch, an der Rezeption wird auch Deutsch gesprochen. Tagesprogramme, Speisekarte und Lautsprecherdurchsagen sind dreisprachig: französisch, deutsch und englisch. Die Seine-Kreuzfahrten der »Rhône Princess« dauern fünf bis acht Tage – von Paris nach Honfleur am Ärmelkanal und wieder zurück.

CroisiEurope

Die 1976 vom Elsässer Gérard Schmitter gegründete Alsace Croisières, seit 1997 CroisiEurope, begann mit einem Ausflugsschiff auf dem Rhein, heute ist sie mit 25 Schiffen die Nummer eins der europäischen Binnenkreuzfahrt. Die Familienreederei ist auf fast allen Flüssen präsent, auf der Seine mit gleich drei Schiffen: »Rhône Princess«, »Seine Princess« und »Renoir«. CroisiEurope mit Sitz in Straßburg wird in Deutschland durch Anton Götten Reisen in Saarbrücken vertreten, Telefon 0681 3032 120). Informationen im Internet: www.croisieurope.com

Beste Reisezeit Frühling bis Herbst

Literatur zur Einstimmung

Maurice Leblanc, Arsène Lupin und der Schatz der Könige von Frankreich (Schauplatz ist Etretat)
Georges Simenon, Maigret und die alte Dame (Schauplatz ist Etretat)
Gustave Flaubert, Madame Bovary (Schauplatz ist Yonville-l'Abbaye bei Rouen)
François Lespinasse, La Seine vue par les peintres (nur auf Französisch)

Länge 778 km
Quelle auf dem Plateau von Langers
Mündung in Le Havre in den Ärmelkanal
Schiffbar bis Nogent-sur-Seine

1

2

3

4

Savoir-vivre auf der Rhone

Ein Fluss mit vielen Gesichtern

Die »Napoléon« hat Kabinen für lediglich zwölf Passagiere. Mit Gourmet-Küche, Nostalgie-Charme und individuellem Service garantiert sie Exklusivität im kleinen Kreis.

Wenn die Rhone am Sankt Gotthard entspringt und als Gebirgsbach talwärts ins Wallis sprudelt, heißt sie Rotten, denn hier wird »Schwyzerdütsch« gesprochen. Sie überquert die Sprachgrenze, wird »le Rhône«, fließt breiter werdend an Reb- und Schneebergen vorbei, mündet in den Genfersee, verlässt diesen und erreicht Frankreich. Unentschlossen setzt sie ihren Weg in verschiedene Himmelsrichtungen fort, bis sie sich in Lyon mit der Saône vereinigt, auf Südkurs geht und nach 812 Kilometern mit zwei Flussarmen das Mittelmeer erreicht.

Bereits zur Römerzeit war die Rhone der wichtigste Transportweg in der Provinz Gallien, im Mittelalter bildete sie die Grenze zwischen dem Königreich Frankreich und dem Heiligen Römischen Reich Deutscher Nation. Noch vor hundert Jahren sagten die Schiffer nicht rechts und links, sondern »Royaume« (französisches Königreich). »Empire« (deutsches Kaiserreich). Im 19. Jahrhundert verkehrten auf dem Fluss Hunderte Fracht- und Passagierdampfer, war die Rhone gefürchtet wegen ihrer Hochwasser und Stromschnellen. Bram Stoker, Autor des Schauerromans »Dracula«, notierte über seine Rhonefahrt: »Ein schreckliches Abenteuer!«

Aus und vorbei. Nach dem Zweiten Weltkrieg wurde der wilde und unberechenbare Fluss für Milliarden Francs zwischen Lyon und Mündungsdelta gebändigt, durch Begradigungen, Staustufen und Schleusentreppen zum Wasser-Highway mit wirtschaftlicher Nutzung ausgebaut. Hochseeschiffe mit einem Tiefgang von drei Metern fahren 310 Kilometer vom Mittelmeer nach Lyon, Frachtkähne transportieren bis zu fünftausend Tonnen Fracht. Doch der Flussverkehr bleibt bescheiden, dafür donnern beiderseits des Flusses unentwegt Lastwagenkolonnen und Güterzüge vorbei. Der Transport zu Wasser wäre umweltfreundlicher und kostengünstiger, doch Frankreichs Binnenschiffer verfügen über keine Lobby. Trotz zahlreicher Eingriffe hat die Rhone ihren Charme teilweise bewahrt. An ihren Ufern erstrecken sich Wiesen und Wälder, klettern Rebberge die gewellten Hügel hoch, darunter Lagen mit

1 In Annonay bei Lyon erfanden die Brüder Montgolfier den Heißluftballon. **2** und **3** In Lyon erblickte Kasperle das Licht der Welt, und hier drehten die Brüder Lumière die ersten Filme. **4** Auf der Rhone begegnen sich zwei Schiffstypen: Das Kabinenschiff »Viking Burgundy« und die Péniche »Napoléon«.

1

2

3

4

klangvollen Namen wie Hermitage, Saint-Joseph und Châteauneuf-du-Pape. Im Wasser spiegeln sich Schlösser und Burgen, trainieren Fischerstecher, schwimmen Schwäne und bei der Ile de Roy sogar Schildkröten. Alle paar Kilometer verlangen Schleusen den Kapitänen Präzisionsarbeit ab, wenn sie ihre Schiffe in engen Kammern bis zu 23 Meter absenken oder hochsteigen lassen.
In Lyon, mit knapp einer Million Einwohnern die größte Stadt an der Rhone, erblickte Kasperle das Licht der Welt, wurde das Boule-Spiel erfunden, drehten die Brüder Lumière ihre ersten Filme, schwingt Paul Bocuse den Kochlöffel. Im benachbarten Annonay begann mit den Heißluftballonen der Brüder Montgolfier die Geschichte der Luftfahrt. Im 16. Jahrhundert entwickelte sich die Stadt zum Zentrum der Seidenindustrie, doch noch 1838 schrieb Stendhal in seinen »Memoiren eines Touristen«: »Ich kenne nur eine Sache, die man in Lyon sehr gut macht: Man isst dort bewundernswert gut, und meiner Meinung nach besser als in Paris.« Heute nennt sich Lyon selbstbewusst Welthauptstadt der Gastronomie.
Die Besucher flanieren durch »Vieux Lyon«, Alt-Lyon, Europas größtes und besterhaltenes Wohnensemble aus der Renaissance mit

1 Lockere Stimmung im Ruderhaus der »Napoléon«. **2** Ein geschickter Lassowurf und das Schiff macht fest. **3** Hätte nicht im 19. Jahrhundert ein Unbekannter das Lied »Sur le pont d'Avignon« (Auf der Brücke von Avignon) gereimt und komponiert, wäre der Pont Saint-Bénézet nicht weltbekannt. **4** Die »Bouchons« in Lyon sind populäre Restaurants, die Deftiges wie Kutteln, Kalbsfüße und Blutwürste servieren. **5** Einlaufen in Lyon.

engen Gassen, repräsentativen Adelspalais und versteckten Hinterhöfen. Sie finden auf der Place Bellecour eine muskelbepackte Bronzefigur, die »Le Rhône« personifiziert, und lernen in einem Bouchon Lyons Lokalküche kennen. Es sind kleine Kneipen mit gemütlicher Atmosphäre und unprätentiöser Ausstattung. Madame steht am Kochherd, Monsieur kümmert sich um die Gäste, die mit wenig Ellenbogenfreiheit an schlichten Holztischen sitzen, einen Pot (46 cl) Beaujolais trinken und dazu Deftiges wie Kutteln, Kalbsfüße und Blutwürste verzehren.
Wie die Bouchons sind die *Murs peints* typisch für Frankreichs drittgrößte Stadt. Was wörtlich »bemalte Mauern« bedeutet, sind in Wirklichkeit riesige, sich über mehrere Stockwerke erstreckende Fassadenfresken im Trompe-l'œil-Stil mit aufgemalten Fenstern, Pflanzen, Treppen, Läden und Menschen. An der Rückseite eines

1 Beim Theaterfestival in Avignon produzieren sich auch experimentierende Gruppen. 2 Ein lokaler Bäcker liefert der »Napoléon« jeden Morgen ofenfrische Baguettes und Croissants. **3** An der Rhone liegen Weinanbaugebiete mit klingenden Namen wie Châteauneuf-du-Pape und Hermitage. **4** Das Amphitheater in Arles. **5** Eine extravagante Tiefgarage in Lyon.

Wohnhauses an der Ecke Quai Saint-Vincent/Rue de la Martinière beispielsweise »La fresque des Lyonnais« (Die Freske der Lyoner). Hinter Fenstern und auf Balkonen stehen, verteilt über fünf Stockwerke, dreißig berühmte »Lyonnais« – natürlich Auguste und Louis Lumière, die Erfinder des Kinematografen, aber auch der Physiker André-Marie Ampère, nach dem die elektrische Stromstärke benannt ist, der Flieger und Schriftsteller Antoine de Saint-Exupéry (»Der kleine Prinz«) und der unvermeidliche Paul Bocuse, der im Erdgeschoss in selbstherrlicher Pose hinter der Tür des Restaurants »Le Pot Beaujolais« steht. Ein paar Straßen weiter – Ecke Quai de la Pêcherie/Rue de la Platière – ist die Fassade eines siebenstöckigen Hauses als überdimensioniertes Bücherregal gestaltet, in dem Werke von Molière bis Léo Mallet – mal geöffnet, mal achtlos hingelegt, mal pedantisch eingereiht – versammelt sind. Im Parterre betritt ein Kunde »La Bibliothèque de la Cité« (Stadtbibliothek), verteilt ein Briefträger Briefe. Das ist alles eindimensional, sieht aber derart echt aus, dass sich gelegentlich eine Taube täuschen lässt und auf einem Buchrücken landen will. Einzig der gelbe Briefkasten und der rote Feuerhydrant sind echt. In Lyon gibt es Dutzende dieser fantasievollen Fassadenmalereien.

Am linken Rhone-Ufer hat zwischen Frachtschiffen und schwimmenden Hotels die Péniche »Napoléon« festgemacht. Péniches sind mit viel Liebe umgebaute Frachtkähne, die meist nur eine Handvoll Passagiere an Bord nehmen und diese mit exzellentem Service und exquisitem Essen im Ambiente eines Romantik-Hotels verwöhnen. Wer den Salon der »Napoléon« betritt, glaubt sich in einem von Laura Ashley dekorierten englischen Cottage: überall Blumen und Spiegel, stoffbezogene Sofas, bunte Kissen und alte Kupferstiche. In den Kabinen Bademäntel, Föhn, TV und Video. Auf dem Sonnendeck Liegestühle, ein Whirlpool, ein Hometrainer und Fahrräder für Ausflüge. Die sechsköpfige Crew besteht mehrheitlich aus frankophilen Briten – Kapitän, Köchin, zwei Stewardessen, ein Matrose und ein Reiseleiter -, die teilweise in Frankreich leben und die zwölf Passagiere verwöhnen.

Die »Napoléon« legt ab, tuckert mit zehn Stundenkilometern rhoneabwärts, vorbei an Rebbergen und Wäldern, Dörfern und Städt-

chen. Gelegentlich Schleusen und Burgruinen, vereinzelt ein Wasser- oder Atomkraftwerk. Auf dem Fluss herrscht kaum Verkehr, nur selten kommt ein Kabinen- oder Frachtschiff entgegen, fahren Hausboote oder Segelyachten mit niedergelegtem Mast vorbei. Die Passagiere fotografieren die Landschaft, dösen auf Liegestühlen, sitzen im Whirlpool, plaudern mit dem Kapitän, während eine Stewardess Lachsbrötchen und »Napoléon«-Champagner serviert. Zum Frühstück gibt es ofenfrische Baguettes und Croissants eines lokalen Bäckers, mittags einen Büfett-Lunch auf Deck. Das Abendessen wird bei Kerzenlicht im intimen, von einem riesigen Gemälde mit Napoleon hoch zu Ross dominierten Bordrestaurant serviert. Während die beiden Stewardessen Weine aus regionalen Lagen einschenken, liefert der Reiseleiter önologische Erklärungen. Der Service ist professionell und aufmerksam. Als ein Passagier monierte, dass es nach dem Essen bloß Kaffee à l'américaine, aber keinen Espresso gäbe, stand anderntags eine Espressomaschine in der Kombüse.

Jeden Tag eine neue Stadt mit neuen Erlebnissen. Wenn die Péniche anlegt, wartet am Ufer schon der Reiseleiter, der in einem klimatisierten Minibus für Stadtbesichtigungen und Ausflüge ins Hinterland vorausgefahren ist. Mal eine private Weinverkostung in einem Château oder eine Fahrt zum römischen Aquädukt Pont-du-Gard, immer wieder ein Stadtbummel unter kundiger Führung. Arles ist ein quicklebendiges Städtchen mit zwei römischen Theatern, mittelalterlichen Wohnhäusern und zahlreichen Erinnerungen an Vincent van Gogh, der hier zwei Jahre gelebt und über zweihundert Bilder gemalt hat. Wer seinen Pastis unter der Markise des »Café van Gogh« trinkt, meint im 1888 entstandenen Gemälde »Terrasse des Cafés an der Place du Forum in Arles am Abend« zu sein. Das Lokal mit der knallgelben Fassade ist unverändert geblieben.

In Vivienne wird Geschichte lebendig, steht ein römischer Tempel neben einem romanischen Kloster und einer gotischen Kathedrale. In Tournon-sur-Rhône machen Sportliche eine Fahrradtour, andere gehen mit der Köchin zum Einkaufen auf den Markt oder fahren mit einer privaten Schmalspurbahn aus der zweiten Hälfte des 19. Jahrhunderts qualmend und schaukelnd durch das wildromantische Doux-Tal. Kurz vor der Endstation weist eine Tafel darauf hin, dass hier der 45. Breitengrad verläuft und sich der Reisende auf halbem Weg zwischen Nordpol und Äquator befindet. Für Gourmets ist das auch eine kulinarische Grenze – nördlich wird mit Butter, südlich mit Olivenöl gekocht.

1

»Wo tanzen sie denn?« Im Gästebuch, das an der Kasse des Pont Saint-Bénézet in Avignon aufliegt, machen sich frustrierte Besucher zuweilen Luft. Warum bezahlen, um eine Brücke aus dem 12. Jahrhundert betreten zu dürfen, die nach zweihundert Metern abrupt inmitten der Rhone aufhört? Sie wäre ein unbeachteter Torso, hätte nicht im 19. Jahrhundert ein Unbekannter »Sur le Pont d'Avignon« gereimt und vertont. Der Komponist Adolphe Adam klaute die Melodie für seine längst vergessene komische Oper »Die Taube oder die ausgebuchte Herberge«, und seither ist die Brücke weltberühmt. Die Refrainzeile »L'on y danse tous en rond« (Hier tanzen alle Ringelreihen) trifft durchaus zu. Einst wurde getanzt, jedoch nicht auf, sondern unter der Brücke in einer »Guinguette« (Kneipe).

Auf der Brücke und dem Platz vor dem festungsartigen Papstpalast, in dem die Nachfolger Petri während 68 Jahren Hof hielten und ein arges Lotterleben führten, treten sich die Touristen auf die Füße. Wenn die Binnenkreuzfahrer mit ihrem Reiseleiter durch gewundene Gassen und über schattige Plätze bummeln, erleben sie ein anderes Avignon. Die Provenzalen sind unter sich, spielen Boule unter Platanen, trinken Pastis auf den Terrassen der Cafés, schlemmen in den Bistros mit reichlich Olivenöl und Kräutern, sagen »Bieng. Je revieng demaing« statt »Bien. Je reviens demain« (Gut, ich komme morgen wieder).

Avignon nennt sich nicht nur Stadt der Päpste, sondern auch Festivalstadt. 1947 hat Jean Vilar, Direktor des Pariser Théâtre National Populaire, erstmals im Ehrenhof des päpstlichen Palastes ein Schauspiel inszeniert. Seither ist das Festival d'Avignon, das jeden Juli stattfindet, eine Institution. Längst umfasst das Programmangebot auch Ballettabende und Konzerte, wird in Klosterhöfen, Kellern und Gärten gespielt. Seit 1968 sind es gar zwei Festivals: »Le In« präsentiert berühmte Namen und aufwendige Inszenierungen, »Le Off« gibt experimentierenden Gruppen eine Chance. Sie treten auf der Place du Palais, in Kleintheatern und Gassen auf und machen die ganze Stadt zur Bühne.

Am späten Abend, wenn Scheinwerfer Brücke und Papstpalast farbig anstrahlen, steuert der Kapitän die »Napoléon« gemächlich an der Stadt entlang – ein märchenhaftes Bild! Die einen knipsen mit Blitz, die andern summen »Sur le pont d'Avignon«. Anderntags gehen die Passagiere von Bord, ist ihr Urlaub unter dem Motto »Gestern Lyon, heute Tournon, morgen Avignon« zu Ende.

1 1888 hat Vincent van Gogh sein Bild »Terrasse des Cafés an der Place du Forum in Arles am Abend« gemalt. Das Lokal hat sich seither kaum verändert, allerdings heißt es heute »Café van Gogh«. **2** Mittags gibt es auf der »Napoléon« einen Büfett-Lunch auf Deck. **3** Das Abendessen wird bei Kerzenlicht im Bordrestaurant serviert. **4** Der Salon mit Blumen, Sofas, Kissen, Spiegeln und Kupferstichen hat den nostalgischen Charme eines Romantikhotels.

Zeit für die Rhone

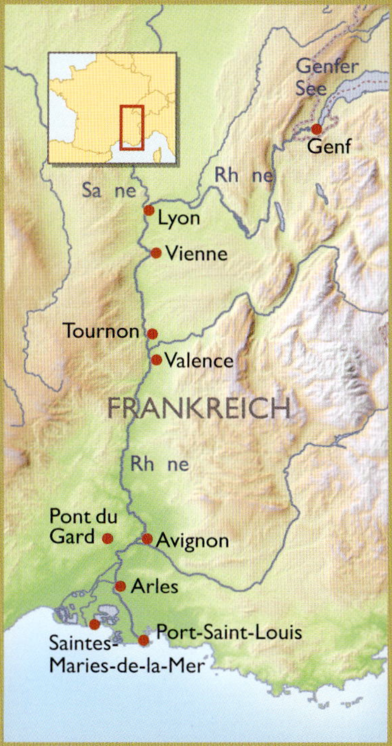

MS »Napoléon«

Die kleine, aber feine, lediglich 39 Meter lange Péniche, Baujahr 1963, wurde 1991 zum Kabinenschiff mit zwei zusätzlichen Decks umgebaut. Die sechs Kabinen sind zwölf bis dreizehn Quadratmeter groß. Der Passagepreis schließt die Bahnfahrt im TGV von Paris zum Einschiffungsort und zurück, Transfers, Vollpension, Ausflüge und sämtliche Getränke an Bord ein – auch Hochprozentiges aus der Bordbar. Nur die Trinkgelder sind extra. Bordsprachen sind Englisch und Französisch. Weitere Informationen im Internet: www.orient-express.com, Buchungen in allen Reisebüros.

Veranstalter

Orient-Express Hotels, Trains & Cruises – der Name des Freizeitkonzerns steht für stilvolles Reisen mit einem Hauch Nostalgie. Er besitzt oder betreibt Fünf-Sterne-Hotels auf vier Kontinenten, die Nostalgiezüge Venice-Simplon-Orient-Express, Orient-Express Asien und Royal Scotsman, die in Burma auf dem Ayeyarwady verkehrende »Road to Mandalay« und in Frankreich unter dem Marketingnamen »Afloat in France« fünf Péniches: »Alouette« (6 Passagiere), »Hirondelle« (8 Passagiere) und »Napoléon« (12 Passagiere). »Amaryllis« (8 Passagiere) und »Fleur de Lys« (6 Passagiere) sind nur für Charterfahrten buchbar.

Literatur zur Einstimmung

Johanna Spyri, Im Rhônetal (1880, Neuausgabe 2010)
Michelin-Führer Rhonetal – Ardèche – Lyon
Le Rhône de Lyon à la Méditerranée (Edition Grafocarte), mit detaillierten Flusskarten und Erläuterungen auch auf Deutsch.

Quelle Rhonegletscher im Schweizer Kanton Wallis
Länge 812 km, davon 693 in Frankreich
Schiffbar bis Lyon
Mündung mit zwei Flussarmen bei Port-Saint-Louis (Grand Rhône) und Saintes-Maries-de-la-Mer (Petit Rhône) ins Mittelmeer

1

2

3

4

Schnupperreise auf der Saône

Unterwegs im Burgund mit Schiff, Bike und Jeep

Eine Kreuzfahrt mit der »Arosa Luna« auf der nur 480 Kilometer langen Saône ist eine historische, kulinarische und önologische Entdeckungsreise durch Burgund.

Die Saône – sprich: Sohn –, ein freundlicher Fluss, schlängelt sich gemächlich von Norden nach Süden durch Burgunds sanft-hügelige Landschaft und fließt in Lyon in die Rhone. An seinen Ufern wechseln sich Wälder mit Wiesen und Weinbergen ab, gruppieren sich Dörfer und Kleinstädte um eine meist mittelalterliche Kirche. Die »Luna« fährt flussaufwärts und legt in Chalon-sur-Saône an. Am Bug des unter deutscher Flagge fahrenden Binnenkreuzers signalisiert ein roter Mund mit einer roten Rose zwischen den Lippen: »Ich bin anders.« Der Kabinenkreuzer bringt frischen Wind in die Flusskreuzfahrt: ein Marktrestaurant mit freier Tischwahl, attraktive Sport-, Fitness- und Wellness-Angebote sowie unkonventionelle Landausflüge. Feste Essenszeiten mit zugeteilten Tischen, Gala-Dinners und Garderobe-Vorschriften sind abgeschafft.
Am Quai des Messageries in Chalon-sur-Saône, nur wenige Meter von der Bordwand entfernt, ehrt eine Bronzestatue den berühmtesten Bürger der Stadt, Nicéphore Niepce (1765–1833). 1826 nahm er mit einer Camera obscura das weltweit erste Foto auf, ein Blick aus dem Fenster seines Arbeitszimmers – ein Jahrzehnt vor seinem Landsmann Daguerre, der allgemein als Erfinder der Fotografie gilt und mit dem er seit 1829 auch zusammenarbeitete. Hundert Meter weiter dokumentiert das Musée Nicéphore Niepce mit zweitausend Fotoapparaten und 2,5 Millionen Fotos aus zwei Jahrhunderten die Geschichte der Fotografie von der Camera obscura zur Digitalkamera. Unter den Exponaten befinden sich Kuriositäten wie eine Spionagekamera in Form einer Zigarettenschachtel und Raritäten wie die Kamera, mit der Neil Armstrong im Juli 1969 fotografierte, als er als erster Mensch den Mond betrat.
Das Tagesprogramm stellt die Passagiere vor die Qual der Wahl: Mit dem Bus in Burgunds Hauptstadt Dijon, Heimat des scharfen Dijon-Senfs? Eine Fahrradtour mit den bordeigenen Bikes auf dem alten Treidelpfad entlang der Saône? Eine Jeep-Safari? Im Zweiten Weltkrieg liefen in den USA über 640 000 Jeeps von den Fließbändern. Die offenen 4 x 4-Viersitzer, billig produziert, aber unverwüstlich, kamen für die US-Armee an allen Fronten zum Einsatz. François Prévôt erwarb einige der heute teuer gehandelten Oldti-

1 Jeep-Safari durch die Weinberge des Burgund. **2** Die Abtei Cluny gehörte im Mittelalter zu den einflussreichsten religiösen Zentren des Abendlands. **3** Mit der »Arosa Luna« (links) auf der Saône. **4** Das Schiff mit dem Kussmund am Bug verlässt Lyon und nimmt Kurs auf Chalon-sur-Saône.

1

2

mer, um mit ihnen touristische Touren für Selbstfahrer durchzuführen. Die Jeeps fahren im Konvoi, anfänglich auf der Landstraße, später rumpelnd über Feldwege durch die Weinberge. Immer wieder halten sie in Dörfern an, deren Namen das Herz jedes Weinkenners höher schlagen lassen: Aloxe-Corton, Meursault, Puligny-Montrachet, Gevrey-Chambertin, Volnay, Vosne-Romanée. Sie sind teilweise winzig klein – Aloxe-Corton hat lediglich 188 Einwohner – aber produzieren Weine, die zu den besten der Welt gehören.
In Mâcon bummeln die Passagiere durch die Stadt, machen Nordic Walking, eine Velotour oder einen Ausflug mit dem Bus nach Cluny. Die im Jahr 910 gegründete Abtei ist eine von einer zinnenbewehrten Ringmauer umgebene klerikale Stadt mit Abtspalast, Gästehaus, Kornspeicher, Pferdestall und Weinkeller. Bis zum Bau des Peterdoms in Rom war die Klosterkirche das größte Gotteshaus des Abendlandes.
Im Mittelalter gehörte die Abtei zu den einflussreichsten religiösen Zentren, während der Französischen Revolution wurde sie geschlossen und die Kirche weitgehend zerstört, im Zweiten Weltkrieg bombardierte die deutsche Luftwaffe aus unerfindlichen Gründen den Komplex.
Die »Arosa Luna« gleitet flussabwärts. Auf dem Sonnendeck schwimmen die Passagiere im großzügig dimensionierten Pool, trainieren auf dem Putting Green Abschläge, spielen Shuffleboard oder Schach mit Großfiguren. Sie schwitzen in den beiden Saunas, bräunen sich im Solarium, lassen sich massieren oder rackern sich im Fitnesscenter ab. Am rechten Ufer kommen zwei Häuser mit verschwenderisch dekorierten Fassaden in Sicht: »L'Auberge du Pont de Collonges« und »L' Abbaye de Collonges«, zwei von fünf Restaurants, die Paul Bocuse in und um Lyon betreibt. Hier serviert der Altmeister der französischen Küche, Jahrgang 1926, seine berühmte Trüffel-Suppe, verkauft im Shop Waren mit seiner Signatur.
Plötzlich tragen Matrosen die Schachfiguren weg und legen die Reling auf den Boden, der Kapitän senkt das Ruderhaus hydraulisch ab, denn Lyons Brücken sind extrem niedrig. Die Unterseite der Eisenbahnbrücke liegt nur 5,90 Meter über dem Wasser. An der Südspitze der Lyoner Halbinsel biegt die »Arosa Luna« in die Rhone ein, um am linken Ufer festzumachen. Zehn Stunden Zeit für Stadtspaziergänge. Dann heißt es wieder »Leinen los!«, der Kabinenkreuzer fährt Rhone-abwärts nach Avignon und zurück nach Lyon, wo die Kreuzfahrt endet. Erfolg mit neuem Konzept.

1 Der Swimmingpool der »Aida Luna« ist großzügig dimensioniert. **2** Mit seinem Computer und den Monitoren erinnert das Ruderhaus an das Cockpit eines Jets. **3** Die Arosa-Flotte bringt frischen Wind in die Binnenkreuzfahrt – ein Marktrestaurant ohne feste Essenszeiten und zugeteilte Tische.

Zeit für die Saône

MS »Arosa Luna«

Die »Aida Luna« und ihre Schwester »Aida Stella« transportieren 174 Passagiere, zwei Drittel der Kabinen haben einen Französischen Balkon. Von März bis Oktober unternehmen sie ab Lyon sechs- bis fünfzehntägige Kreuzfahrten auf Saône und Rhone. Auf dem Programm stehen auch Themenreisen für Golfer und Gourmets. Informationen in der Broschüre »Kreuzfahrten auf Flüssen« und im Internet unter: www.a-rosa.de

Arosa Flussschiff GmbH

Dass Design und Konzept der »Arosa«-Flussschiffe große Ähnlichkeiten mit der »Aida«-Hochseeflotte haben, ist kein Zufall. Im Jahr 1996 revolutionierte der norddeutsche Unternehmer Horst Rahe mit Hochseekreuzfahrten »für sportlich aktive Menschen, die aber auch kulturell interessiert und gesundheitsbewusst sind« die deutsche Kreuzfahrt. Indem die »Aidas« respektlos alte Zöpfe abschneiden, sprechen sie gezielt Junge, jung Gebliebene und Familien mit Kindern an. Sechs Jahre später adaptierte Rahe das erfolgreiche Konzept für die »Arosa«-Flussschiffe. Die acht Kabinenkreuzer sind auf Donau, Rhein, Mosel, Main, Rhone und Saône unterwegs. Inzwischen hat der Unternehmer beide Brands verkauft, ist aber mit Luxus- und Ressort-Hotels weiterhin im Tourismus tätig.

Beste Reisezeit Frühling bis Herbst

Flussreiseführer

Die Publikationen »Le Rhône« und »La Saône« informieren dreisprachig (Französisch, Deutsch, Englisch) und mit Karten über den Flusslauf und die angelaufenen Städte.
Im Internet: www.grafocarte.fr

Länge 480 km
Quelle in den Vogesen
Mündung in Lyon in die Rhone
Schiffbar bis Corre

CALEM
PORTO
SANDEMAN
SANDEMAN
SANDEMAN
PORTO

Südeuropa

Italiens Po, Spaniens Guadalquivir und Portugals Douro – das Bild zeigt den Douro bei Porto – sind Flüsse, die es noch zu entdecken gilt.

1

2

3

4

Der launische Po

Italiens längster Fluss »fließt wie er will«

Die »Michelangelo« ist das einzige Hotelschiff, das ab Venedig und zurück auf zwei unterschiedlichen Routen Kreuzfahrten auf dem Unterlauf des Po unternimmt.

»Erste Luxuskreuzfahrt auf dem Po« – »Dollar und Deutsche Mark schwimmen den Po hinunter« – »Ein Schweizer Schiff legt in unserer Stadt an«. So lauteten im Mai 1997 die Schlagzeilen der Lokalzeitungen zwischen Cremona und Venedig. Die überschwängliche Berichterstattung galt der »Venezia«, die unter Schweizer Flagge und mit einem holländischen Kapitän durch eine topfebene Landschaft bis zum Po-Delta und weiter nach Venedig fuhr. Es war eine Premiere – die erste Reise eines Hotelschiffs auf Italiens längstem Fluss.

Der Po, den Vergil als »König der Flüsse« pries, entspringt auf 2020 Metern Höhe am Monte Viso in den Piemonteser Alpen, durchfließt Turin, nimmt das Wasser von dreißig Flüssen und Seen auf, vagabundiert zwischen Alpen und Apennin durch die seinen Namen tragende Ebene und mündet nach 652 Kilometern ins Adriatische Meer. Jahrhundertelang war er Norditaliens wichtigste Verkehrsader. Schon die Etrusker hatten zwischen den einzelnen Flussarmen Verbindungskanäle angelegt, dann transportierten die Römer Marmor, Salz und Weizen den Po hinauf. Später schwammen im Fluss Getreidemühlen, lagen am Ufer Zucker- und Papierfabriken, Ziegeleien und Schiffswerften. Mit Eisenbahn und Straße begann der Niedergang der Schifffahrt, der Warentransport verlagerte sich nahezu gänzlich aufs Land. Heute ist der Fluss in ein Korsett von hohen Schutzdeichen gezwängt, sind die Ufer von endlosen Pappelalleen gesäumt. Dahinter verstecken sich kleine Dörfer und weite Felder, ragen Kirchtürme, Ölraffinerien und Hochspannungsmasten auf.

Als Johann Wolfgang Goethe 1786 von Venedig kommend mit einem Schiff auf dem Po bis Ferrara fuhr, notierte er am 16. Oktober in sein Reisetagebuch: »Die Fahrt bei herrlichem Wetter war sehr angenehm, die Aus- und Ansichten einfach, aber anmutig. Der Po, ein freundlicher Fluss, zieht hier durch große Plainen, man sieht nur seine bebuschten und bewaldeten Ufer.«

Nach der euphorisch begrüßten Premierenfahrt der »Venezia« ließen mehrere Veranstalter von Binnenkreuzfahrten ihre Kabinen-

1 Die »Michelangelo« auf dem Po. **2** In Brescello am rechten Flussufer wurden fünf der erfolgreichen Filme mit dem streitbaren Paar Don Camillo und Peppone gedreht. **3** In Ferrara leben 140 000 Menschen und verkehren 100 000 Fahrräder. **4** Fischerkähne und Fischerhütten auf dem Po.

1 In Comacchio überquert eine Brücke mit fünf Bögen vier Kanäle. **2** Eine überdachte Treppe führt zum Rathaus von Ferrara. **3** Ein Wasserschloss war 300 Jahre lang Sitz der in Ferrara regierenden Herzöge der Familie d'Este. **4** Der Dom San Giorgio in Ferrara vereinigt vier Baustile: romanisch, gotisch, barock mit der Spätrenaissance. **5** Wo man sich gern trifft, um der Sommerhitze zu entgehen – Vinothek in Bologna.

schiffe auf dem Po verkehren. Sie bauten auf die Zugkraft des Namens Venedig und lockten mit mittelalterlichen Städten in der Po-Ebene. Doch dem kurzen Boom folgte der lange Katzenjammer: Die Schiffe legten vorwiegend im trostlosen Niemandsland an, von wo die Passagiere in Bussen zu den Ausflugszielen gefahren werden mussten, die aus Gründen des Hochwasserschutzes fast ausnahmslos in respektvollem Abstand zum Fluss liegen. Denn der Po ist keineswegs, wie Goethe behauptet hat, »ein freundlicher«, vielmehr ein launischer und unberechenbarer Fluss, der mal zu wenig, mal zu viel Wasser führt. »Il Po va dove vuole«, »der Po fließt, wohin er will«, lautet denn auch ein norditalienisches Sprichwort. Die Binnenreedereien mussten immer wieder Fahrten annullieren, entnervt strichen sie Po-Kreuzfahrten aus dem Ange-

5

bot. Heute kreuzt lediglich noch die »Michelangelo« von CruisiEurope auf dem Unterlauf mit Ausflügen unter anderem nach Ferrara und Bologna.
Ferrara liegt, rundum von den Ruinen der einstigen Befestigungsanlagen umgeben, 34 Kilometer nördlich von Bologna an einem Po-Kanal und ist ein baugeschichtliches Kuriosum: Südlich der Mittelachse Viale Cavour/Corso Giovecca dominiert das Mittelalter, nördlich die Renaissance – dort kopfsteingepflasterte Gassen, schmalbrüstige Häuser und kilometerlange Lauben, der von steinernen Löwen bewachte Dom San Giorgio und ein Wasserschloss aus rotem Backstein mit Türmchen, Zinnen und Zugbrücken, hier breite Straßen, repräsentative Kirchen und feudale Paläste wie der Palazzo dei Diamanti (Diamantenpalast), dessen Fassade mit 8500 pyramidenförmigen weißen Steinen verkleidet ist.
Ein Tourist fällt unweigerlich auf: Er geht zu Fuß, während sich die Ferraresi vorzugsweise auf dem Fahrrad fortbewegen. Ob zum Einkaufen, zur Arbeit oder zum abendlichen Schwatz auf der Piazza vor der Kathedrale – alles benutzt den Drahtesel. In der Stadt leben 140 000 Menschen und verkehren 100 000 Biciclette. Während andere Städte Parkplätze anlegen, stellt Ferrara Veloständer auf, und sein Centro storico, die Innenstadt mit ihren historischen Bauten, ist seit 1995 autofrei.
Während drei Jahrhunderten – von 1264 bis 1597 – regierten die Herzöge von Este und machten die Stadt zu einem europäischen Zentrum von Kunst, Literatur und Wissenschaft. Hier wurde auch 1435 an der Via Adelari die »Osteria Al Brindisi« eröffnet, die als älteste Osteria der Welt gilt – hier soll vor 550 Jahren der Hofkoch Mastro Zafirano die Tortellini »erfunden« haben. Als im Februar 1502 Herzog Alfonso d'Este die erst 22-jährige, aber bereits zweimal geschiedene Lucrezia Borgia heiratete, habe er sich von der blonden Lockenpracht der Braut inspirieren lassen und fürs Hochzeitsessen eine neue Pastavariante kreiert.
Hunderttausende pilgern alljährlich aus einem einzigen Grund nach Pisa: Sie wollen den Schiefen Turm sehen. Die 54 Meter hohe Touristenattraktion, die ohne raffinierte Ingenieurskunst längst eingestürzt wäre, ist ein zu verlockendes Fotomotiv. Bologna hat nicht nur einen, sondern gleich zwei schiefe Türme, die zudem älter und wuchtiger sind: Torre Garisenda (48 Meter) und Torre Asinelli (97 Meter). Die mittelalterlichen Wolkenkratzer, beide um das Jahr 1100 gebaut, stehen bedenklich schräg – Erste-

1 Bologna hat vierzig Kilometer Laubengänge. **2** In Cremona sind in einem Museum kostbare Violinen von Amati, Guarneri und Stradivari zu sehen. **3** Comacchio ist eine farbenfrohe Miniaturausgabe von Venedig. **4** In Busseto steht vor dem Teatro Verdi auf der Piazza Verdi eine Verdi-Statue. Der Komponist wurde 1813 im benachbarten Ort Roncole geboren.

rer ist um 3,70 Meter, Letzterer um 2,20 Meter geneigt. Im Oktober 1786 keuchte Goethe die 447 ausgetretenen Stufen des Asinelli-Turms hoch. Er schwärmte: »Die Aussicht ist herrlich!«, und unterstellte den Bolognesern, sie hätten die Torri absichtlich schief gebaut, um damit aufzufallen. Hier irrt der Dichterfürst erneut, Schuld sind vielmehr die zahlreichen Erdbeben. Pech für die Besucher, dass die Türme rundum von Häusern umgeben sind, was Hobbyfotografen um das begehrte Souvenirbild bringt.
Der historische Stadtkern gehört zu den besterhaltenen Europas, der Kulturhistoriker Jacob Burckhardt schwärmte: »Bologna ist und bleibt die schönste Stadt Italiens.« Ohne die knatternden Scooter, die rudelweise herumkurven, glaubt sich ein Besucher mit der Zeitmaschine ins Mittelalter zurückversetzt. Auch andere Städte haben fußgängerfreundliche Laubengänge, doch Bologna wartet mit gleich vierzig Kilometern auf. Man bummelt, stets vor Sonne und Regen geschützt, durch verwinkelte Gassen, sieht gemütliche Tante-Emma-Läden, kleine Palazzi, weite Piazze und immer wieder Kirchen. Die Basilica di San Petronio an der zentralen Piazza Maggiore sollte die größte Kirche der Christenheit werden. Doch der Papst und die leere Stadtkasse verhinderten diesen Weltrekord – der Bau blieb unvollendet. Dafür wartet sie mit einer Kuriosität auf: Um zwölf Uhr mittags bricht ein Sonnenstrahl durch eine Öffnung im Kirchendach und markiert auf einem 67 Meter langen Bronzeband die Stunden bis zum nächsten Sonnenaufgang.
Weil die »Michelangelo« nur den Unterlauf des Po befährt, müssen Passagiere auf den Besuch von Cremona, Piacenza, Parma und Brescello verzichten – leider, denn am Ortseingang des Letzteren verkündet eine Holztafel in vier Sprachen: »Brescello – das Dorf des Don Camillo«. Das benachbarte Roncole Verdi ist der Geburtsort Giuseppe Verdis.

Zeit für den Po

MS »Michelangelo«

110 Meter lang, 158 Passagiere, Baujahr 2000, 2006 renoviert. Die Kabinen sind über zwei Decks verteilt, Restaurant, Lobby und Salon befinden sich im vorderen Teil des Oberdecks. Die »Michelangelo« gehört wie die »La Belle de Cadix« auf dem Guadalquivir zur Flotte der französischen Reederei CroisiEurope. Vertretung in Deutschland: Anton Götten Reisen in Saarbrücken, Telefon 0681/3032 120. Informationen im Internet: www.croisieurope.com

Das Hotelschiff macht Po-Kreuzfahrten auf zwei unterschiedlichen Routen:

»Venedig, die Lagune und das Delta des Po«: Murano, Burano und Chioggia, Ausflüge auf der Po-Fahrt nach Padua, Ferrara und Verona (6 Tage);

»Venedig, die Inseln der Lagune und Po«: Murano, Burano und Chioggia, Ausflüge auf der Po-Fahrt nach Verona, Ferrara, Bologna und Padua (7 Tage).

Literatur zur Einstimmung

Johann Wolfgang von Goethe, Italienische Reise
Riccardo Bacchelli, Die Mühle am Po (Romantrilogie, 1938–40)
Valerio Varesi, Der Nebelfluss/Die Pension in der Via Saffi/Unter den Mauern von Bologna. (Commissario Soneri von der Kripo Parma ermittelt stets in der Po-Ebene)

Quelle am Monte Viso in den Piemonteser Alpen
Länge 652 km
Schiffbar bis Cremona
Mündung ins Adriatische Meer

1

2

3

4

Per Hausboot auf dem Brenta-Kanal

Ein Traum für Hobby-Kapitäne

Die Riviera del Brenta bei Venedig ist für Hausboote ein attraktives, aber weitgehend unbekanntes Fahrgebiet mit viel Natur und Geschichte, aber auch mit drei Schleusen, fünf Drehbrücken und einer Schiebebrücke auf 28 Kilometern bis Strà.

Auf der Lagune von Venedig steuert der Hobbykapitän sein gechartertes Hausboot durch die mit Pfählen markierte Fahrrinne und biegt links ein. Er passiert eine Schleuse aus dem 18.Jahrhundert und tuckert mit gemächlichen sechs Stundenkilometern den Brenta-Kanal hoch, der mäandernd durch eine parkähnliche Landschaft fließt. Nach einer lang gezogenen Rechtskurve glaubt er sich in einer anderen Welt: Am Ufer steht, umrahmt von Trauerweiden und sich im grünlichen Wasser spiegelnd, eine Villa mit der Säulenvorhalle eines römischen Tempels. Die Villa Foscari gehört zu den schönsten Bauten des genialen Architekten Andrea Palladio (1508–1580), der im Veneto zahlreiche Paläste und Kirchen baute.
Der Brenta entspringt in Südtirol bei Trento, fließt anfänglich ostwärts, später südwärts durch das venezianische Tiefland, lässt Padua rechts liegen und erreicht Strà. Bis ins 16. Jahrhundert mündete der Fluss bei Fusina in die Lagune von Venedig, wo er reichlich Schwemmmaterial ablagerte. Daher befahl die Stadt, nach Strà ein neues Flussbett zu graben, das den Brenta südlich von Chioggia ins Adriatische Meer münden lässt. Der alte Brenta wurde gebändigt und mit Schleusen versehen zur Binnenwasserstraße ausgebaut. Seither spricht man – wenn auch nicht ganz zutreffend – vom Brenta-Kanal.
Villa Foscari ist die erste von über fünfzig Villen, die inmitten von gepflegten Gärten oder verwilderten Parks beiderseits des alten Brenta stehen. Während zwei Jahrhunderten galt es bei Dogen und Patriziern der »Serenissima« als standesgemäß, den Urlaub in einem repräsentativen Landsitz an der Riviera del Brenta zu verbringen. Sie bestiegen vor ihrem Stadtpalais am Canale Grande ein Prunkboot, ließen sich über die Lagune rudern und auf dem Kanal zur Sommervilla treideln. Hier vergnügte sich Venedigs Hautevolee mit Tanz und Musik, Gartenfesten und Gelagen.
Der alte Brenta-Kanal und seine Villen bilden ein einzigartiges Zusammenspiel von Landschaft, Geschichte, Kunst und Kultur und sind in die Literaturgeschichte eingegangen. In Voltaires »Candide«

1 Der Brenta-Kanal ist ein attraktives, aber wenig bekanntes Fahrgebiet für Hausboote. **2** Gondolieri trainieren für eine Regatta. **3** Mittagessen an Deck. **4** Die Villa Pisani war die Sommerresidenz des Dogen Alvise Pisani – ein Klein-Versailles mit einem Park, Bassins und einem Labyrinth.

1

2

1 Die Villa Foscari gehört zu den schönsten Sommerresidenzen der »Riviera del Brenta«. **2** Hausboot-Skipper machen auch Rundfahrten durch Venedigs Lagune. **3** Die Drehbrücken müssen von Hand geöffnet werden.

fährt der Titelheld auf einer Gondel den Brenta-Kanal aufwärts zum Besuch eines Patrizierpalastes: »Der Park war weit und schön angelegt, mit feinen Marmorstatuen geschmückt.« Goethe notierte nach einer Brenta-Fahrt: »Die Ufer sind mit Gärten und Lusthäusern geschmückt, kleine Ortschaften treten bis ans Wasser, teilweise geht die belebte Landstrasse daran hin.«

Skipper und Crew, die mit einem schwimmenden Wohnmobil auf dem von Pappelalleen, Velowegen und Straßen gesäumten Wasserweg fahren, genießen einen Logenplatzblick auf Pomp und Pracht von einst. Villa Widmann mit ihren schmiedeeisernen Balkonen besitzt wunderschöne Rokokofresken. In der Villa Foscarini hatte sich 1817 Lord Byron eingemietet, die Villa Soranzo ist die einzige Ferienresidenz mit Trompe-l'Œil-Fresken an der Fassade. Zwar ist der Verkehr auf dem Brenta-Kanal spärlich – mal ein Ausflugs- oder Hausboot, gelegentlich Gondolieri, die für eine Regatta trainieren –, dennoch erfordert die Navigation Aufmerksamkeit und das »Telefonino«, italienisch für Handy, ist unerlässlich. Gilt es doch, sich nicht nur bei den Schleusenwärtern anzumelden, auch die Brückenwächter müssen herbeigerufen werden, damit sie in schweißtreibender Handarbeit die Dreh- und Schiebebrücken öffnen. Auf ihr »Vengo subito« (Komme sofort) ist allerdings kein Verlass. Reichlich Zeit also, um am Ufer festzumachen, einen Latte Macchiato zu trinken oder eine Pizza zu essen.

Am Anfang einer Brenta-Binnenkreuzfahrt steht die imposante Villa Foscari in Malcontenta, den abschließenden Höhepunkt bildet die pompöse Villa Pisani in Strà, wo der Kanal endet. Die Weiterfahrt nach dem neun Kilometer entfernten Padua erfolgt auf dem Canal Piovego. Als Alvise Pisani 1735 zum Dogen gewählt wurde, glaubte er seiner neuen Position schuldig zu sein, die größte Ferienresidenz der Riviera del Brenta zu besitzen. Entstanden sind ein Palast mit protziger Fassade, riesigem Portikus und 114 Räumen sowie ein elf Hektar großer Park – Klein-Versailles im Veneto.

Heute befindet sich die Villa Pisani in Staatsbesitz, ist das über eine breite Treppe zu erreichende Piano nobile – die Beletage – ein Museum mit Prunkzimmern, in welchen einst Napoleon Bonaparte übernachtet und Hitler erstmals Mussolini getroffen hat. Das Deckenfresko im Festsaal stammt von Giambattista Tiepolo (1696–1770), sein letztes Werk in Italien, bevor er nach Spanien übersiedelte. Die populärste Attraktion des Parks ist ein spiralenförmiges Labyrinth. Wie einst die Gäste des Dogen irrt der Besucher zwischen neun konzentrischen, mannshohen Buchsbaumhecken, gerät immer wieder in Sackgassen und findet meist trotzdem seinen Weg zum zylinderförmigen Türmchen in der Mitte, zu dessen Aussichtsplattform eine Treppe hochführt.

Zeit für den Brenta-Kanal

Hausboote

Le Boat, ein Zusammenschluss der Firmen Crown Blue Line, Emerald Star Line und Connoisseur, besitzt Europas größte und modernste Hausbootflotte. Für Brenta-Kanal-Fahrten, die führerscheinfrei sind, besitzt Le Boat zwei Basen in Porto Levante und Casier. Kontakt: Le Boat, Theodor-Heuss-Strasse 53–63, 61118 Bad Vilbel. Internet: www.leboat.de Gute Informationen für die Kanalfahrt gibt die Nautikkarte »Naviglio del Brenta«. Ideal ist die Kombination einer Brenta-Fahrt mit einer Mini-Kreuzfahrt auf der Lagune zu Inseln wie Murano, Burano, Torcello, San Francesco del Deserto und San Michele. Basiskenntnisse der italienischen Sprache sind von Vorteil.

Mehrere Gesellschaften führen mit unterschiedlich großen Motorbooten für 30 bis 160 Personen Fahrten auf dem Brenta-Kanal durch. »Il Burchiello« der gleichnamigen Gesellschaft fährt beispielsweise dienstags, donnerstags und samstags von Venedig nach Strà, Weiterfahrt mit dem Bus nach Padua und zurück nach Venedig. An den anderen Tagen erfolgt die Fahrt in umgekehrter Richtung. Der Preis schließt die Besichtigung von drei Villen ein. Weitere Informationen im Internet: www.ilburchiello.it

Der Brenta-Kanal auf dem Landweg

Der Linienbus Nummer 53 fährt von der Piazzale Roma in Venedig dem Kanal entlang nach Padua.

Literatur zur Einstimmung

Witold Rybczynski, Das vollkommene Haus. Eine Reise mit dem italienischen Renaissance-Baumeister Andrea Palladio

Quelle im Trentino südöstlich von Trient
Länge 174 km Fluss und 28 km Kanal
Schiffbar bis Strà
Mündung südlich von Chioggia (Fluss) bzw. bei Fusina (Kanal)

1

2

RIO DOURO
NO PINHÃO
3

P 133 AL SÃO TELMO
4

Auf dem Douro durchs Portweinland

Kreuzfahrt zwischen Schleuse und Schleuse

Das vom Rio Douro durchflossene Tal im Nordwesten Portugals ist das spektakulärste Weinanbaugebiet der Welt. Doch Flusskreuzfahrten von Porto am Atlantik zur portugiesisch-spanischen Grenze und zurück gelten als Geheimtipp.

Im Schritttempo fährt die »Douro Cruiser« in die Kammer der Carrapatelo-Schleuse. Links und rechts sind es nur vierzig Zentimeter bis zur Betonwand. Das hintere Tor schließt sich und 38 000 Kubikmeter Wasser strömen ein. Wie in einem Fahrstuhl gleitet das Schiff nach oben, pro Minute drei Meter und bereits nach zwölf Minuten ist es um ganze 35 Meter gestiegen. In Europa hat keine Binnenschleuse mehr Hubhöhe.

Bis in die 1980er Jahre war der Douro ein wild dahinströmendes Gewässer. Dann wurde der Fluss auf den 210 Kilometern, die er durch Portugal fließt, mit fünf Staustufen reguliert und damit für Kabinenschiffe befahrbar. Seine Attraktivität hat der Fluss damit nicht eingebüßt. Er schlängelt sich weiterhin durch eine wildromantische Landschaft, die als Weltkulturerbe auf der UNESCO-Liste steht. Hier wird seit über zweitausend Jahren auf Schieferböden Wein angebaut, steigen links und rechts steile Hügel mehrere Hundert Meter hoch, alle terrassiert und auf 25 000 Hektar mit kniehohen Rebstöcken bepflanzt. Es ist die Heimat der Douro- und Portweine.

Die »Douro Cruiser« fährt an Dörfern und Städtchen, an einsam gelegenen Wochenendhäusern und hinter Olivenhainen versteckten Kirchen vorbei, passiert fünf Schleusen, wird von der Bummelbahn überholt, die am Ufer entlangfährt, und legt immer wieder für einen Landgang an. Im Wallfahrtsort Lamego steigen die Passagiere über siebenhundert Stufen zur Barockkirche Nossa Senhora dos Remédios hoch, unweit von Vila Real besuchen sie den von Türmchen überragten Mateus-Palast, der die aristokratische Wohnkultur des 18. Jahrhunderts repräsentiert. Das Schloss hat nicht nur dem berühmtesten Wein Portugals, dem lieblichen Mateus Rosé, den Namen gegeben, es schmückt auch die Etiketten der bauchigen Flaschen, von denen jährlich fünfzig Millionen verkauft werden. Ihr Inhalt stammt allerdings nicht aus dem Douro-Tal, sondern von anderen Anbaugebieten. Das Dörfchen Pinhão besitzt einen wunderschönen, über hundert Jahre alten Mini-Bahnhof. An

1 Flamenco Show auf der »Douro Cruiser«. **2** Bei einer Portweindegustation lernt man die Unterschiede zwischen White Port, Ruby Port und Tawny Port kennen. **3** Im Bahnhof von Pinhão zeigen Azulejos das Douro-Tal mit seinen Weinbergen. **4** Ausflugsboot im Nostalgie-Look.

1 Azulejos im Bahnhof von Porto. **2** Das unter Denkmalschutz stehende »Majestic Café« in Portos Fußgängerzone. **3** Die Plaza Mayor in Salamanca gilt als Spaniens schönster Platz. **4** Imbiss auf dem Sonnendeck.

der Fassade zeigen 24 großformatige Azulejos, die für Portugal typischen blau-weißen Keramikfliesen, das Douro-Tal und die Traubenernte von einst.

Von Barca d'Alva an der portugiesisch-spanischen Grenze machen die Kreuzfahrer einen Tagesausflug nach Salamanca in der spanischen Region Kastilien-León. Die Altstadt überrascht durch die architektonische Harmonie der Kirchen, Klöster und Paläste, die alle aus honiggelbem Sandstein gebaut sind. Auf der rundum von Arkaden mit Läden und Cafés eingefassten Plaza Mayor, die als schönster Platz Spaniens gilt, wird geplaudert, diskutiert und geflirtet. Die 1218 gegründete Universität ist die älteste des Landes, 40 000 Studenten aus aller Welt verleihen Salamanca ein kosmopolitisches Flair und garantieren ein reges Nachtleben.

In Barca d'Alva beginnt der Kabinencruiser seine Talfahrt zurück nach Porto. Die Passagiere tummeln sich im Swimmingpool, erfrischen sich in den Whirlpools, fotografieren die vorbeiziehende Landschaft. Nach dem Abendessen wird im Salon getanzt, es tritt ein Flamenco-Ballett auf oder eine Fado-Sängerin konzertiert.

Am siebten Reisetag ist die »Douro Cruiser« zurück im Einschiffungshafen Vila Nova de Gaia, Portos Schwesterstadt am linken Douro-Ufer. Der Liegeplatz könnte nicht attraktiver sein: Neben dem Schiff dümpeln »Barcos Rabelos«, Frachtkähne mit farbigen Rahsegeln, die einst die Weinfässer vom Anbaugebiet flussabwärts transportierten, dahinter überspannen zwei eiserne Brücken – eine von Gustave Eiffel, die andere von einem seiner Mitarbeiter gebaut – in elegantem Bogen den Douro. Am rechten Ufer klettern die farbigen Häuser von Portos Altstadt zur Oberstadt hoch. Zwar ist der Portwein, portugiesisch Vinho do Porto, nach der Stadt Porto benannt, doch die Kellereien mit klingenden Namen wie Sandeman, Ferreira, Graham's, Osborne und Taylor's befinden sich in Vila Nova de Gaia. Besucher sind willkommen, fachkundige Führerinnen geleiten durch die Keller mit riesigen Holzfässern und geben dabei einen önologischen Einführungskurs im Schnelldurchgang – dass der White Port als Aperitif serviert wird, der Ruby Port ein Dessertwein, der Tawny Port ein Digestif und der Vintage Port ein Verschnitt aus Trauben eines Jahrgangs ist.

Am Abend trifft sich halb Porto in Vila Nova de Gaia. Für die Passagiere der »Douro Cruiser« ist es die letzte Nacht an Bord, bevor sie wieder nach Hause fliegen. Kaum einer, der nicht am Nachtleben schnuppert, das gleich bei der Gangway beginnt. Die einen frequentieren die zahlreichen Kneipen und Restaurants, die anderen bummeln auf der Uferpromenade und genießen den Ansichtskartenblick auf das nächtliche Porto mit den angestrahlten Kirchen.

Zeit für den Douro

MS »Douro Cruiser«

Das schmucke Hotelschiff für 130 Passagiere wurde im Jahr 2004 auf einer portugiesischen Werft gebaut, kreuzte erst als »Algarve Cruiser« an der Algarve und verkehrt heute auf dem Douro. Die Kabinen auf dem Oberdeck haben einen Balkon, auf dem Unterdeck ein Panoramafenster. Das leicht plüschige Restaurant liegt auf dem Unterdeck. Die portugiesische Crew ist überaus hilfsbereit, nicht wenige der Stewards haben zuvor auf Hochseekreuzern gearbeitet und sprechen auch Englisch. Auf dem Sonnendeck gibt es einen Swimmingpool und zwei Whirlpools, aber leider nur wenige Schattenplätze.

Douro Azul Cruzeiros

Die portugiesische Gesellschaft, die auch Hotels, Autobusse und Helikopter besitzt, ist mit vier schwimmenden Hotels die Nummer eins für Douro-Kreuzfahrten. Infos im Internet: www.douroazul.pt. Die zur Douro-Azul-Flotte gehörende »Invicta« ist nach Angaben von Renato Braga, Kapitän der »Douro Cruiser«, eine maritime Kuriosität. 1912 sah der Fahrplan der »Titanic« vor, dass sie vor der Atlantiküberquerung Cherbourg anläuft. Da das weltgrößte Schiff wegen seines Tiefgangs dort nicht anlegen konnte, sondern ankern musste, ließ die White Star Line zwei Tender bauen, um die Passagiere an Bord zu bringen – »Nomadic« für die Erste und Zweite Klasse, »Traffic« für die Dritte Klasse. Heute liegt die »Nomadic« als Museumsschiff in Belfast, wo sie einst von Stapel lief, während die völlig umgebaute »Traffic« als »Invicta« auf dem Douro kreuzen soll.

Beste Reisezeit Frühling und Herbst. Im Sommer kann das Thermometer bis auf 45 Grad Celsius steigen.

Quelle Picos de Urbión in Spanien
Länge 898 Kilometer, davon 210 Kilometer in Portugal
Schiffbar bis 14 Kilometer nach der spanisch-portugiesischen Grenze
Mündung bei Porto in den Atlantischen Ozean

1

2

3

4

Rio Guadalquivir ohne Kofferpacken

Kulturreise auf Spaniens einzigem schiffbaren Fluss

Höhepunkte einer Binnenkreuzfahrt auf »La Belle de Cadix« sind Landgänge in Sevilla und Cádiz, Ausflüge nach Córdoba und Granada.

Der 657 Kilometer lange Rio Guadalquivir, dessen Name auf das arabische Wadi al-Kibir – Großer Fluss – zurückgeht, durchfließt Andalusien von Nord nach Süd. Während Jahrhunderten bildete er die Lebensader von Spaniens südlichster Region – noch vor hundert Jahren verkehrten Dampfschiffe im Linienverkehr zwischen Sevilla und Sanlúcar de Barrameda am Atlantik. Seit der Fluss reguliert und ausgebaggert ist, laufen Hochseeschiffe mit bis zu sieben Meter Tiefgang – vorwiegend Frachter, gelegentlich auch Kreuzfahrtschiffe – Sevilla an. Für »La Belle de Cadix« (»Die Schöne von Cadix«) der Reederei CroisiEurope ist Andalusiens Hauptstadt der Heimathafen.

Das nach einer in Frankreich populären Operette benannte Drei-Sterne-Schiff unterscheidet sich in manchem von anderen Kabinenkreuzern: Am Heck flattert die belgische Flagge, Bordsprache und Küche sind Französisch, die Besatzung kommt überwiegend von den Philippinen. An der Rezeption wird auch Deutsch gesprochen, Tagesprogramme und Menüs liegen in deutscher Übersetzung auf, deutschsprachige Führerinnen begleiten die Ausflüge.

»La Belle de Cadix« legt ab, fährt an mehreren Hochseefrachtern vorbei, passiert die einzige Schleuse des Guadalquivir und verlässt Sevilla. Breit und braun wälzt sich der Fluss durch eine topfebene, unbewohnte Landschaft mit Weiden und Getreidefeldern. Die Passagiere dösen, lesen oder plaudern auf dem Sonnendeck, einige Unentwegte halten nach Fotomotiven Ausschau und sind frustriert. Nicht das Flusserlebnis macht den Reiz dieser Binnenkreuzfahrt aus, sondern die Möglichkeit, auf einem schwimmenden Hotel Andalusien ohne Kofferpacken zu erleben. Keine andere spanische Region ist kontrastreicher und geschichtsträchtiger. An der Küste ziehen sich kilometerlange Strände hin, nur eine Autostunde entfernt ragen die schneebedeckten Berge der Sierra Nevada bis 3482 Meter hoch. Hier haben erst während fast sieben Jahrhunderten die Römer geherrscht, danach beinahe acht Jahrhunderte die Mauren, was Spuren in Architektur, Musik und Sprache hinter-

1 Calle Sierpes, Sevillas Haupteinkaufsstraße. **2** Die königliche Residenz Reales Alcázares. **3** Ein Tuna-Ensemble spielt auf. **4** »La Belle de Cadix« liegt hinter dem Nachbau eines Schiffs der Magellan-Flotte.

1 Die Römerbrücke über den Guadalquivir in Córdoba. **2** Säulen und Hufeisenbögen bilden in Córdobas Großer Moschee einen grandiosen Effekt. **3** Flamenco-Show mit andalusischem Schimmel. **4** Vor Sevillas Stierkampfarena steht eine Statue der heißblütigen Señorita Carmen. **5** Die Alhambra in Granada ist Andalusiens Top-Sehenswürdigkeit.

lassen hat. Von hier sind Kolumbus und Magellan zu ihren Entdeckungsfahrten ausgelaufen.

Nach bloß neunzig Kilometern erreicht »Die Schöne von Cadix« den Atlantik. Das Flussschiff wird zum Küstenkreuzer, geht auf Südostkurs und macht in Cádiz fest. Die auf einer schmalen, auf drei Seiten vom Meer umspülten Landzunge gelegene Stadt soll der Legende nach von Herkules gegründet worden sein, woran eine monumentale Statue erinnert. In Wirklichkeit waren es vor dreitausend Jahren die Phönizier. Die Passagiere bummeln durch das Gassenlabyrinth der Altstadt, vorbei an Kirchen, Palästen und Straßencafés. Endlich pittoreske Fotomotive!

Am nächsten Tag legt das Schiff in El Puerto Santa María an, wo eine Stierzucht-Finca auf dem Ausflugsprogramm steht. Andalusien ist nicht nur die Heimat des Flamenco, sondern auch des Stierkampfs und der Stieraufzucht. Die späteren *Toros bravos*, die Kampfstiere, verbringen erst vier Jahre in Herden auf weitläufigen Weiden. Dann werden sie, inzwischen eine halbe Tonne schwer und angriffsfreudig, für bis zu zehntausend Euro an Arenen in Spanien und Frankreich verkauft. Die Passagiere fotografieren die Tiere aus respektvoller Entfernung, lauschen den Erklärungen der Vaqueros, der andalusischen Cowboys, und erfahren, dass Stiere

5

keineswegs aggressiv auf die Farbe Rot reagieren, denn sie sind farbenblind. In Sanlúcar de Barrameda lernen sie mit dem Likörwein Sherry, auf Spanisch Jerez, eine andere andalusische Spezialität kennen. In einer Bodega bestaunen sie erst Sechshundert-Liter-Eichenfässer, die sich in langen Reihen bis zur Decke stapeln, und lernen danach bei einer Verkostung, dass Sherry nicht Sherry ist. Vielmehr gibt es verschiedene Geschmacksrichtungen, unter anderem den leichten Fino, den halbtrockenen Amontillado und den spritzigen Manzanilla.

»Die Schöne von Cadix« wird wieder zum Binnenkreuzer, fährt den Guadalquivir hoch und macht in Sevilla fest. Direkt vor dem Bug liegt ein Nachbau der »Victoria«, die als einziges von Magellans fünf Schiffen nach 1085 Tagen Weltumsegelung in den Heimathafen zurückgekehrt ist. Damit ist die Kreuzfahrt zu Ende, denn die nächsten drei Tage bleibt das Schiff an der Pier, während die Passagiere Sevilla erkunden und Busausflüge in die Umgebung machen.

Voll Lokalstolz erklären die »Sevillanos«: »Wer Sevilla nicht gesehen hat, kennt keine Wunder.« Das ist nur leicht übertrieben – Andalusiens ebenso geschichtsträchtige wie lebensfrohe Hauptstadt gehört tatsächlich zu den schönsten Metropolen. »Hier könnte man sehr glücklich sein«, schwärmte denn auch der österreichische Schriftsteller Stefan Zweig nach seinem Besuch. Es duftet nicht nach Autoabgasen, sondern nach den Blüten von zehntausend Orangenbäumen. Palmengesäumte Uferpromenaden laden zum Flanieren, großzügig angelegte Parks zum Verweilen ein. Die Kathedrale ist ein harmonisches Gebirge aus Kuppeln und Stützwerk, überragt von einem 92 Meter hohen Turm, der einst das Minarett einer Moschee war. An Christoph Kolumbus, dessen Gebeine im südlichen Querschiff ruhen, erinnert ein Monument in den Jardines de Murillo. Das Haus Nummer 67 in der Fußgängerzone Calle Serpies war einst ein Gefängnis, in dem Miguel de Cervantes wegen Hinterziehung staatlicher Gelder einsaß und seinen »Don Quijote«-Roman zu schreiben begann. In der Königlichen Tabakfabrik soll die heißblütige Señorita Carmen auf ihren Schenkeln Zigarren gedreht und Don José den Kopf verdreht haben. Heute gehört das imposante, von einem Wassergraben umgebene Gebäude zur Universität, steht bei der Stierkampfarena eine Bronzestatue der Titelfigur von Prosper Mérimées Novelle und Georges Bizets Oper.

Ein Ausflug führt nach Córdoba, wo eine Brücke mit Fundamenten aus römischer Zeit den Guadalquivir überquert. Auf der linken

1

2

3

1 Markthalle in Cádiz. **2** Innenhof im Quartier Santa Cruz von Sevilla. **3** Festmachen am Sandstrand von Sanlúcar de Barrameda. **4** Besuch auf der Brücke. **5** Die Zahlmeisterin Clarisse zwischen zwei Mitarbeiterinnen.

Flussseite steht ein arabischer Wehrturm, auf der rechten die Große Moschee, die zu den schönsten islamischen Sakralbauten gehört. 856 runde Säulen mit rot-weiß gestreiften Doppelbögen, die sich in scheinbar endlosen Reihen hinziehen, ergeben einen grandiosen optischen Effekt. Nachdem Spaniens katholische Könige die Mauren vertrieben hatten, bauten sie mitten in der Moschee eine Kathedrale im überladenen Barockstil. Eine Kirche und eine Moschee unter demselben Dach, das gibt es nur in Córdoba!

Der Ausflug nach Granada bildet für die meisten Binnenkreuzfahrer den krönenden Abschluss ihrer Schnupperreise durch Andalusien. Vor der Sierra Nevada im Hintergrund erhebt sich auf einem Hügel hoch über der Stadt die Alhambra. In den Befestigungsan-lagen, Palästen und Gärten des weitläufigen Komplexes aus dem 13. und 14. Jahrhundert glaubt sich der Besucher in die Welt von Tausendundeiner Nacht versetzt. Die Salons und Hallen sind reich mit bunten Mosaiken und Fliesen, verschlungenen Ornamenten und filigranartigen Schriftzügen verziert, in den von Schatten spendenden Arkaden umgebenen Innenhöfen plätschern Springbrunnen und spiegeln sich grazile Säulen in lang gezogenen Wasserbecken.

Nach der Vertreibung der Mauren im 15. Jahrhundert verfiel die Alhambra immer mehr. Es war ausgerechnet ein Amerikaner, der Schriftsteller Washington Irving, der sich einige Wochen in den verlassenen Gemäuern niederließ, 1832 ein Buch unter dem Titel »Erzählungen von der Alhambra« publizierte und damit das wohl schönste Beispiel arabischer Architektur in Europa der Vergessenheit entriss. Heute ist die Alhambra mit täglich bis zu siebentausend Besuchern Andalusiens Touristenattraktion Nummer eins.

Beim Farewell Dinner auf »La Belle de Cadix« lässt der Chefkoch ein Vier-Gang-Menü servieren, drei Tuna-Musiker mit schwarzem Umhang gehen von Tisch zu Tisch, singen »Granada« und »Valencia«. Das Licht geht aus, Stewards tragen die auf der Speisekarte als Norwegisches Omelett aufgeführte Nachspeise ins Restaurant. Norwegisches Omelette? CroisiEurope ist, so steht es in himmelblauen Lettern an der Bordwand, »The French Cruise Company«. Und für Franzosen ist eine »Omelette Norvégienne« das, was hierzulande »Baked Alaska« genannt wird.

Zeit für den Rio Guadalquivir

MS »La Belle de Cadix«

»Die Schöne von Cadix«, 2005 auf einer belgischen Werft gebaut, fährt unter belgischer Flagge, ist 110 Meter lang und hat 12 Quadratmeter große Doppelkabinen für 180 Passagiere. Die Kabinen auf dem Hauptdeck verfügen wie das Restaurant über Bullaugen, auf dem Mittel- und Oberdeck über Panoramafenster. Auf dem Sonnendeck gibt es reichlich schattige Plätze, eine Bar und einen winzigen Pool. In der Lobby befinden sich die Rezeption und ein Souvenirshop. Ein Lift führt vom Mitteldeck zum Hauptdeck.

Reederei CroisiEurope

Die 1976 vom Elsässer Gérard Schmitter gegründete Alsace Croisières, seit 1997 CroisiEurope, begann mit einem Ausflugsschiff auf dem Rhein, heute ist sie mit 25 Schiffen die Nummer eins der europäischen Binnenkreuzfahrt. Die Reederei ist auf fast allen Flüssen präsent und die einzige, die Fahrten auf Guadalquivir und Po durchführt. 2007 hat sich das Familienunternehmen mit CroisiMer ein zweites Standbein zugelegt. »La Belle de l'Adriatique«. Die »Schöne der Adria« ist ein Küstenkreuzer, der dank seines geringen Tiefgangs auch in kleinen Häfen anlegen kann. Das schmucke Schiff kreuzt ab Dubrovnik entlang der Dalmatinischen Küste und durch den Kanal von Korinth, ab Port Said nach Sharm El Sheik und Aqaba.
CroisiEurope mit Sitz in Straßburg wird in Deutschland durch Anton Götten Reisen in Saarbrücken vertreten,
Telefon 0681/303 21 20).
Informationen im Internet: www.croisieurope.com

Quelle Cañada de las Fuentes, Provinz Jaén
Länge 657 km
Schiffbar bis Sevilla
Mündung bei San Lúcar de Barrameda in den Atlantischen Ozean

Afrika

Wer auf dem Nil, Ägyptens Lebensader, eine Kreuzfahrt macht, unternimmt eine Zeitreise in die Hochkultur der Pharaonen.

1

2

3

4

Ägypten – ein »Geschenk des Nils«

Unter fünf Sternen im ältesten Kreuzfahrtrevier der Welt

Raue arabische Kehllaute, ausgehend von einem Minarett, und in Untertiteln verschlungene Schriftzeichen flimmern über den Klapp-Monitor. Einige Sitznachbarn von Autor Peer Schmidt-Walther nehmen anscheinend Gebetshaltung ein. Allah fliegt mit. Sicherheitshinweise lösen die unverständlichen Koranverse ab.

Angekommen auf dem Nil, mit 6671 Kilometern nicht nur längster Fluss Afrikas, sondern auch der Welt. Dagegen nehmen sich die 530 Kilometer, welche die luxuriöse »Nile Excellence« zwischen Luxor und Assuan sowie retour durchpflügen soll, geradezu bescheiden aus. Weniger bescheiden ist das, was den Passagieren des respektablen Fünf-Sterne-Flusskreuzfahrtschiffes geboten wird – eine achttägige Reise durch das weltweit größte Open-Air-Museum mit seiner vieltausendjährigen Geschichte. Selbst das braun-schwarze Passagierschiff am Nachbaranleger ist historisch: der noch aktive, 120 Jahre alte Raddampfer »Sudan«, Filmname »Karnak«. Auf seinen Planken wurde 1977/78 der Agatha-Christie-Krimi »Tod auf dem Nil« mit Film-Legende Peter Ustinov gedreht. Rund 450 überwiegend sehr moderne Kreuzfahrtschiffe – zum Teil in Europa gebaut – von bis zu 115 Metern Länge soll die Nil-Flotte inzwischen umfassen. An den Kais von Luxor drängeln sie sich denn auch.

Amr El Deeb hat jetzt das Sagen. Der 32-jährige Ägyptologe aus Kairo nimmt uns unter seine fachkundigen Reiseleiter-Fittiche. Leise hört man erste Informationen: Luxor, arabisch *el-uksur*, bedeute so viel wie »die Paläste« oder »Tempel der Götter«. Die beiden Großanlagen, verbunden mit den berühmtesten Pharaonen-Namen, waren dem Gott Mamun gewidmet. Die heutige Nil-Metropole, später griechisch Theben genannt, erhebt sich auf den Fundamenten der früheren ägyptischen Hauptstadt Waset. »Wussten Sie eigentlich«, fragt er, »dass der Nil nur 1300 Kilometer durch Ägypten fließt?« Aber: »Durch sechs Länder mit nur einer Kultur!« Amr ist stolz darauf. Die wie ein Film vorbeihuschenden Bilder von Armut und Dreck assoziieren alles andere als »Tausendundeine Nacht«, erst recht nicht die eindringenden orientalischen Düfte. Geradezu »biblisch« erscheint die Szenerie: Menschen in langen, wehenden Gewändern mit Turbanen und Kopftüchern, offene Strohhütten, Esel, Schafe und Kamele. So kurz vor Weih-

1 Die Crew hat sich auf dem Oberdeck zum Gruppenfoto postiert. **2** Bunte Vielfalt an einem ägyptischen Gewürzstand. **3** Kapitän Mohammed auf der Brücke seines Kabinenkreuzers. **4** Das Fünf-Sterne-Flusskreuzfahrtschiff »Nile Excellence« unterwegs bei Luxor.

1 Im Hafen von Assuan. **2** Tempel-Rundfahrt mit typischer Kutsche in Luxor. **3** Run auf den Totemtempel der Königin Hatschepsut. 22 Pfeiler schmücken die Front der mittleren Terrasse. **4** Die Kolosse Ramses' II. bewachen den Eingang zum Luxor-Tempel von Karnak.

nachten möchte man ans »Morgenland« denken mit einem riesigen Krippenspiel. Links und rechts der Straße gedeihen Obst und Gemüse, natürlich unübersehbar auch leuchtend rote Tomaten. Pumpen heben Nil-Wasser aus Bewässerungsgräben und sorgen für intensive Fruchtbarkeit der Fluss-Oase. »Das ist unsere Lebensader«, erklärt Amr das sattgrüne Band zwischen den lebensfeindlichen Wüsten. »Ägypten ist ein Geschenk des Nils!«

Am Rand der belebten Corniche, der Uferpromenade von Luxor, lauern geschäftstüchtige Droschkenkutscher auf Touristen. »Guten Tag!«, wird man begrüßt und man staunt über den deutschen Wortschwall: »Alles klar?«, »Mensch, Meier!«, »Eine Kutsche, billisch, billisch!« Wer handelt, hat eine Stadtrundfahrt im Zuckeltrab gewonnen. Ibrahim, 28-jähriger Feluken-Kapitän, zieht stillere Werbemethoden vor und befördert den Gast an Bord seines archaisch anmutenden Einmast-Seglers »Nile Dream«. Doch statt Feluken-Törn, der ohnehin auf dem Ausflugsprogramm steht, fällt die Entscheidung zugunsten eines abendlichen Ton-Licht-Spektakels im Karnak-Tempel. Zwar schieben sich Menschenmassen durch das Labyrinth der gigantischen Säulen, aber die Show ist einfach er-lebenswert. Einzelne Bauphasen werden durch dramatisches Scheinwerferlicht hervorgehoben, die Narben der Zeit vom Dunkel der Nacht verdeckt. Etwas für Romantiker.

6.30 Uhr, unchristlich früh! Signal zum Aufbruch in die Unterwelt von Theben-West. Doch zuvor gilt es, den auch noch müde dahinfließenden Nil zu bezwingen – mit der kleinen »Nile Story«, die mit Deutschland-Fähnchen dekoriert ist. Eine der vielen typischen Barkassen. Mit ägyptischen Frühaufstehern wieseln sie über den Fluss. Die nächste Brücke würde einen weiten Umweg bedeuten, den nur der Bus nimmt. In Serpentinenfahrt werden die Kreuzfahrer hinauf in die kahlen Sandsteinberge gekarrt. Kleine Löcher hoch oben sind Eingänge zu Gräbern, die so vor Plünderern geschützt werden sollten. Der inzwischen im Kairoer Ägyptischen

4

Museum ausgestellte berühmte Pharao Tutanchamun wurde hier 1922 unversehrt aus seiner Ruhestätte geborgen. Durch steile Gänge geht es hinab zu Ramses I. und II. Selbsternannte »Grabkammerführer« warnen immer wieder: »Kopf einziehen!« und fragen im selben Atemzug »Kugelschreiber?«.
Fantastisch erhaltene farbenfrohe Felszeichnungen – die figürlichen Buchstaben-Symbole können selbst Laien entziffern, sie »lassen sich«, so Amr, »wie ein aufgeschlagenes Geschichtsbuch lesen« – schmücken die fahl beleuchteten Gänge. Manch ein Tourist verewigte sich unrühmlich durch Kratzereien. Zeitgenössische Dummheit und dreitausend Jahre alte Kunst! Auch diesmal hat sich das schlafabkürzende Zeitmanagement rentiert: Die »Nile-Excellence(n)« sind die Ersten und genießen das Privileg des frühen Aufstehens. Am Totentempel der Königin Hatschepsut drängeln sich bereits die Massen aus aller Welt. Für Ägyptologen ist das Bauwerk noch voller Rätsel, Romanciers ließen sich durch sie und die Königin inspirieren. »Unter dem Sand liegen noch viele Rätsel, denn neunzig Prozent aller altägyptischen Denkmäler sind noch nicht ausgegraben«, weiß Amr.

In einer der zahlreichen Alabastermanufakturen am Rande des Tals kann man sich lebhaft vorstellen, wie schon zu Pharaos Zeiten Kunst hergestellt wurde. Am Boden hockende, ehemals braunhäutige, jetzt weiße, weil völlig verstaubte Männer lassen unter ihren Händen Statuen sozusagen am laufenden Band entstehen: von heiligen Katzen bis hin zu bunten Nofretetes in allen Größen. Die beiden Memnon-Kolosse sind als Mini-Ausgaben auch darunter. 18 Meter sind die Originale hoch, einer davon durch Erdbebenrisse gezeichnet und jeder 1200 Tonnen schwer. Übersät sind sie mit altgriechischen Verehrungs-»Graffiti«, denn Memnon fiel als Sohn der Sonnengöttin Eos vor Troja.
12.45 Uhr: Pünktlich klatschen die Leinen ins ölige Wasser. Die beiden 460-PS-Diesel lassen das Schiff erzittern. Auf der Brücke steht Kapitän Mohammed: in dunkelbraune Haut gebrannte Lachfalten, darüber ein weißer, lässig ins Genick geschobener Turban, flatternder dunkelgrauer Kaftan, barfuß. Seine Männer, alle in klassischer Matrosenuniform mit »Kieler-Kragen« und Pompon-Mützen, hantieren nach seinen weit ausholenden Gesten und Rufen unten auf dem Vorschiff. Das Nil-Abenteuer beginnt! Auf

1 Antike ägyptische Säulenarchitektur. **2** Göttin Hathor mit ihrer Nil-Barke. **3** Palmenhaine in der Niloase. **4** Einfahrt in die einzige Nilschleuse bei Edfu. **5** Ausgedehnter Vorplatz einer der zahlreichen Moscheen am Nil. **6** Typisches buntes Basarleben in Assuan.

Deck fünf, der weitläufigen Sonnengalerie, werden Liegestühle gerückt, der Pool wird getestet, beim Steward werden Drinks geordert und geschlürft. Entspannung nach kurzen Nächten macht sich breit. Über allem ein makellos blauer Sonnenhimmel, weit weg von jeglichem Gedanken an Weihnachten. Sattgrüne Gemüse- und Baumwollfelder, Dattelpalmenhaine, Zuckerrohr- und Bananenplantagen kontrastieren mit den immer enger den Fluss einschnürenden rosagelben Sandsteinbergen und Dünen. Knatternde Dieselpumpen befördern das Leben spendende Nass in Bewässerungsgräben an Land. Von Deck aus lassen sich allerlei Einblicke in das geruhsame Leben der Bauern und Fischer erhaschen. Qualmende Feuerstellen würzen die Luft. Immer wieder ruft der Muezzin aus Minarett-Lautsprechern, untermalt von rauen Eselsschreien. Auch Kapitän Mohammed und seine Flussmatrosen nehmen die Gebetsstunden wahr. Dazu bedarf es nur eines Teppichs, der auf der Brückennock ausgerollt wird. Kniend vollziehen

5

6

sie ihre Koran-Übungen. Mohammed fährt schon 35 Jahre auf dem Fluss. Ein Patent habe er nicht, »weil man es hier nicht braucht. Was allein zählt, ist Erfahrung.« Die habe ihm sein Vater vermittelt. »Aber nicht das Lesen und Schreiben«, lächelt er, »auch das brauche ich an Bord nicht.« Zielgenau fädelt er das Schiff in die einzige Schleuse ein – mit ruhiger Hand und klaren Kommandos an den Rudergänger.

Nach der Natur- nun wieder eine Kultur-Pause in der Stadt Edfu fünfzig Kilometer stromaufwärts. »Der Horus-Tempel ist das besterhaltene Heiligtum Ägyptens«, lässt sich Amr über Kopfhörer vernehmen. Ein meterhoher granitener Horus-Falke wacht im Hof am Eingang zur gewaltigen Säulenhalle. Mit frühen Kreuzfahrtspuren: Göttin Hathor ließ sich in zwei Wochen hierher zur Hochzeit mit Horus rudern. So erzählt es ein Relief. Das lassen sich die modernen Kreuzfahrer genüsslich auf der Zunge zergehen – bei Weihnachtsgebäck und ägyptischem Tee im Liegestuhl. Vor der sinkenden Sonne geraten die Palmwedel am Ufer zu Scherenschnitten. Im Zeitlupentempo dahinsegelnde Frachtfeluken recken ihr charakteristisches Dreieckstuch gegen den vergoldeten Abendhimmel. Vor diesem zeichnet sich an Backbord der angestrahlte wuchtige Doppeltempel von Kom Ombo ab, gewidmet Horus und dem Krokodilgott Sobek. Der wachte über die Echsen, die sich noch bis ins 19. Jahrhundert auf einer Flussinsel vor der Stadt paarten. Mumifizierte Exemplare sind in einer Tempel-Kapelle zu besichtigen. Füße vertreten auf altehrwürdigem Gestein, dann ein paar Gläser ägyptischen Weins bei Kerzenschein. Nil-Romantik unterm Sternenhimmel im Dezember. Die letzten 65 Kilometer nimmt MS »Nile Excellence« im Nachtsprung. Mit Radar- und Scheinwerfer-Strahlen tastet sich der Kapitän voran, denn auf dem Nil fahren kleinere Boote grundsätzlich unbeleuchtet.

In unserer Zeit bekannt geworden ist die oberägyptische Stadt Assuan durch den gleichnamigen Hochdamm. Das umstrittene Betonmonster wurde zwischen 1960 und 1971 von sowjetischen Ingenieuren hochgezogen und gilt mit dreieinhalb Kilometern Länge, einem Kilometer Breite und 111 Metern Höhe als das gewaltigste Bauwerk Ägyptens seit den Pyramiden. Die Wasser aus dem tropischen Afrika konnten seitdem zur Energiegewinnung und Bewässerung nutzbar gemacht werden. Möglich wurde diese technische Großleistung durch sechs Granitschwellen, die Nil-Katarakte. Granit war schon der bevorzugte Baustoff für die Architekten der Pharaonen. In den Steinbrüchen von Assuan, dem Carrara Ägyptens, wurde er gebrochen. Großes Staunen auch

1 Eingangsbereich des legendären Winter Palace Hotels in Luxor. 1886 an den Ufern des Nil errichtet lebt es noch heute vom kolonialen Ambiente des viktorianischen Zeitalters. **2** Blick auf den Hotelpool des Winter Palace und den Nil in Luxor. **3** Im gemütlichen Salon der »Nile Excellence«. **4** Schiffsbüffet mit luftigem Balkonausblick auf den Fluss.

angesichts eines riesigen, über vierzig Meter langen und tausend Tonnen schweren Obelisken. Den ließ man vor 3500 Jahren halbfertig zurück – wegen eines Risses.

Während einer Fahrt mit dem »Love Boat Cleopatra« erschließen sich dem Betrachter die landschaftlichen Schönheiten wie in einem Bilderbuch: glatt gewaschene Felsen in dunkelblauen Wasserwirbeln, auf dem die weißen Segel der Feluken schwimmen, in Treibgut stochernde weiße Ibisse, goldgelbe Sanddünen mit Kamelen, wogende Palmwipfel, dazwischen immer wieder Blütenfarbtupfer auf roten, weißen und violetten Bougainvilleen. Alles überragt vom festungsartigen Mausoleum des Aga Khan. Auf der Rückfahrt passiert man das legendäre »Old-Cataract«-Hotel, in dem Agatha Christie 1937 den Roman »Tod auf dem Nil« verfasste. Per Boot tuckert man auch zum Tempel der Isis, der beliebtesten ägyptischen Göttin, der im Stausee zwischen altem und neuem Damm auf der Insel Neu-Philae thront. Das Kunstwerk wurde vor der Überflutung gerettet, während die Insel versank. Abu Simbel, der berühmte Tempel mit den vier Kolossalstatuen RamsesII., erlitt zwischen 1964 und 1968 ein ähnliches Schicksal: Er wurde durch eine UNESCO-Rettungsaktion in Dreißig-Tonnen-Einzelblöcke zerschnitten und 180 Meter landeinwärts und 64 Meter höher wieder aufgebaut. Auch ein Wunder! Wenn die Sonne über die sudanesische Bergkulisse am fünfhundert Kilometer langen Nasser-Stausee kriecht, erglüht der Sandstein golden und wechselt mit jedem höheren Winkel die Farben von Rot über Rosa bis Gelb. Gold spielte hier schon im 13. Jahrhundert vor Christus eine Rolle. Der Tempel galt als gut bewachtes Zwischenlager für das nubische Edelmetall und auch als Zeichen der Herrschaft über die südlichen Regionen. Heute herrschen hier die Touristen. Kaum ist der Rundgang beendet, stauen sie sich in Mengen am Tempelportal. Kreuzfahrtleiter Uwe Wieselmann sei Dank, denn ohne die sehr frühe Abfahrt am Schiff um 2:15 Uhr – selbst der Polizei-Wachtposten vor dem Schiff schlief noch tief und fest – hätten die »Nile-Excellence(n)« Abu Simbel anders erlebt. Im Hundert-Kilometer-pro - Stunde-Tempo fegt der Bus mit wehender Staubfahne zurück: dreihundert Kilometer einschläfernde Pistenfahrt durchs Sandmeer.

Zeit für den Nil

MS »Nile Excellence« Gebaut 1989 in Kairo, umgebaut und renoviert 2008 in Kairo.

Länge: 63 m
Breite: 11 m
Höhe (5 Decks): 12 m
Tiefgang: 1,20 m
Maschinen: 2 Caterpillar à 460 PS
Besatzung: 60
Passagiere: 56
Einstufung: Fünf-Sterne-DeLuxe-Landeskategorie.
Kabinen: 30 Suiten (Doppel: 28 qm mit getrenntem Wohn- u. Schlafraum), 2 zusammenstellbare getrennte Betten, Bad, Sat-TV, Klimaanlage, Haartrockner, Safe, Minibar, internes Telefon, Französischer Balkon; Junior-Suite 20 qm, Ein-Bett-Suite 15 qm, sonst gleiche Ausstattung wie 2-Bett-Suiten). Nichtraucherschiff (Rauchen nur auf dem Sonnendeck erlaubt).
Strom: 220 Volt
Bordeinrichtungen: Hauptrestaurant; Barbecue-Restaurant; Cocktailbar; Bordshop; Panoramasalon mit Bar; Leseecke; Internet-Terminal; Massageraum; Sonnendeck mit Pool, Liegestühlen, Sonnensegel und Bar; ein Arzt ist an Land kurzfristig erreichbar; Zahlungen in bar oder per Kreditkarte, kein Geldumtausch.
Bordprogramm: Folkloreabend, Vorträge, Tanzabend, ägyptische Galabeja-Party
Atmosphäre: familiär trotz des gehobenen Schiffstandards
Gesamtstrecke Nil-Kreuzfahrt 530 km

Reisezeit Oktober bis April (Wintermonate mild, Sommer zu heiß)

Veranstalter

nicko-tours; ähnliche Reisen werden angeboten zum Beispiel von Phoenix-Reisen, Kreuzfahrten Xtremo

Literatur zur Einstimmung

Jan Assmann, Ägypten – Eine Sinngeschichte
Agatha Christie, Tod auf dem Nil
Gustave Flaubert, Reisetagebuch aus Ägypten
Christine Strauß-Seeber, Der Nil – Lebensader des Alten Ägypten

Quelle in den Bergen von Ruanda und Burundi
Länge 6671 km
Mündung ins Mittelmeer

Amerika

Auf dem Amazonas (Bild) durch den weltgrößten tropischen Regenwald, auf dem Mississippi zurück in die Zeit vor dem Amerikanischen Bürgerkrieg (1861–1865).

1

2

3

4

Abenteuer Amazonas

»Besuchen Sie Amazonien bevor es zu spät ist!«

Der Amazonas, der längste und wasserreichste Fluss unseres Planeten, ist die Hauptverkehrsader des weltgrößten tropischen Regenwalds im Norden Südamerikas.

»Lufttemperatur 34 Grad, Wassertemperatur 26 Grad, Luftfeuchtigkeit 98 Prozent«, informiert Kapitän Ulf Wolter über Bordlautsprecher von der Brücke. Mit zwölf Knoten (22,5 km/h) fährt das Fünf-Sterne-Expeditionsschiff »Hanseatic« von Hapag-Lloyd Kreuzfahrten auf dem breit dahinfließenden Amazonas flussaufwärts. An Backbord und Steuerbord türmen sich bis vierzig Meter hohe Baumriesen zu einer undurchdringlichen Dschungelwand auf. Mal ein Dorf mit auf Pfählen stehenden Hütten, mal knallbunte, von einer überdimensionierten Kirche überragte Häuser einer Kleinstadt. Gelegentlich hölzerne Dampferchen im Regionalverkehr, Einbäume voll winkender Kinder, mit Bananen und Kokosnüssen beladene Flöße.

Amazonas heißt nicht nur der Welt längster Fluss, der in den peruanischen Anden entspringt, sich unter wechselnden Namen quer durch Südamerika wälzt und nach 6788 Kilometern in den Atlantik mündet. Amazonas heißt auch Brasiliens größter Bundesstaat und der weltgrößte tropische Regenwald. Auf Europa übertragen, würde er sich von Lissabon bis Warschau, von Palermo bis Kopenhagen erstrecken.

Auf dem Fluss mit über tausend Seitenflüssen lavieren Binnenkreuzfahrer zwischen zwei Welten: Bei Landgängen und Ausflügen in Schlauchbooten erleben sie organisiertes Abenteuer und einen Hauch Exotik, an Bord finden sie modernen Komfort, exquisite Küche und exzellenten Service. Ein halbes Dutzend Lektoren und Lektorinnen informieren ebenso kenntnisreich wie locker über Geschichte, Fauna und Flora, Waldindios und Regenwald. Als Erster hat der Spanier Francisco de Orellana, begleitet von sechzig Soldaten und dem Dominikanermönch Gaspar de Carvajal, 1541/42 den Amazonas bis zur Mündung befahren. In seinem Tagebuch berichtet er von Indianerüberfällen und Frauen – »Sie waren sehr kräftig und völlig nackt, nur ihre Scham hatten sie bedeckt« –, die mit Pfeil und Bogen die Spanier attackierten. Carvajal nannte sie »Amazonen«, muss aber im Eifer des Gefechts Indios in Kriegsbemalung mit Frauen verwechselt haben. Doch diesem Irrtum verdankt der Fluss seinen Namen.

1 Frisch geangelte Piranhas fürs Abendessen. **2** Kinder sind beliebte Fotomotive der Kreuzfahrer. **3** Indios halten sich Boas als Haustiere. **4** Pevas mit seinen Holzhütten auf Stelzen ist ein typisches Amazonien-Dorf.

1

2

3

Amazonien ist ein Lebensraum der Superlative und Extreme. In Belém schweben Jets ein, im Urwald jagen Indiostämme, die noch nie einen weißen Mann gesehen haben, mit Blasrohren und vergifteten Pfeilen. Hier werden Anakonda-Schlangen zwölf Meter lang, flattern Kolibris, die nicht größer als eine Wespe sind, wiegen Zwergseidenäffchen 150 Gramm und Pirarucu-Fische bis zweihundert Kilo. Nirgendwo sonst präsentiert sich die Natur vielfältiger: 2000 Fischarten, 3000 Vogelarten, 25 000 Pflanzenarten und Myriaden von Insekten, die sich auf jeden Quadratzentimeter unbedeckter menschlicher Haut stürzen.
Wenn die »Hanseatic« ankert, klettern die Passagiere mit Rettungsweste, Kameras und Antimückenspray in die an der Gangway wartenden Zodiacs, robuste, von 35-PS-Außenbordmotoren angetriebene Gummiboote. Mit ihnen tuckern sie in Seitenarme des Flusses, beobachten Papageien und Brüllaffen, lauschen den Erklärungen des begleitenden Lektors, fotografieren tellergroße Schmetterlinge, schläfrige Faultiere und rosarote Süßwasserdelfine oder angeln Piranhas, die der Schiffskoch anderntags auf die Speisekarte setzt.

Später bummeln sie, stets umringt von einer Schar Kinder, durch Dörfer, die oft nur aus wenigen Holzhütten mit Wellblech- oder Palmwedeldach entlang einer Naturstraße bestehen, aber immer über einen Bolzplatz verfügen. Hinter einem Indioführer, der mit seiner Machete eine Schneise in den Regenwald schlägt, stolpern sie unter dem grünen Dach der Baumriesen im Halbdunkel über Wurzeln oder verfangen sich in Lianen. Allerdings hangeln keine Boas von den Bäumen und lauern keine Jaguare auf den Ästen – der Regenwald erwacht erst nachts zum Leben. Dafür erzählt der Indio-Führer Erstaunliches: Das Harz des Grado-Baums bildet einen natürlichen Wundverband, die Wurzeln des Curarina-Buschs helfen gegen Schlangengift, Tirici-Gras lindert Zahnschmerzen, die Rinde des Marapuana-Baums wirkt wie Viagra. »Der Amazonas ist die größte Apotheke der Welt«, erklärt er.
Wieder auf ihrem schwimmenden Hotel, stehen die Passagiere fotografierend an der Reling, erfrischen sich im Swimmingpool, trinken »Artica«-Bier und bräunen sich im Liegestuhl. Sie ziehen sich mit einem Buch in die klimatisierte Observation Lounge zurück oder sehen auf der stets zugänglichen Brücke dem brasilia-

1 und **2** Die Zodiacs werden zu Wasser gelassen, die Passagiere unternehmen Exkursionen zur Beobachtung von Fauna und Flora. **3** Der wasserreichste Fluss der Welt. **4** Am Ufer stehen Holzhütten auf Pfählen, dahinter bilden bis 40 Meter hohe Baumriesen eine undurchdringliche Wand.

nischen Lotsen, der vor dem Laptop mit der elektronischen Seekarte sitzt, über die Schulter. Anderntags steht ein bayerischer Frühschoppen mit Freibier und Weißwürsten auf dem Programm, schmettert die Bordkapelle »In München steht ein Hofbräuhaus«. Am achten Reisetag macht die »Hanseatic« in Manaus fest, 1700 Kilometer vom Atlantik entfernt und mit 1,7 Millionen Einwohnern Amazoniens größte Stadt. Im Hafen liegen dicht gedrängt hölzerne Passagierschiffe für den Regionalverkehr, auf welchen die Passagiere in mitgebrachten Hängematten übernachten. Dahinter ragen Hochhäuser hoch, machen sich Slums breit.
Manaus um 1900: Die Stadt beliefert die ganze Welt mit Kautschuk, diktiert die Preise und schwimmt in Geld. Die Kinder werden nach Lausanne in die Schule geschickt, die Wäsche reist nach Lissabon zum Waschen. Fast alles wurde aus Europa importiert:

1

Kristallleuchter aus Murano, Marmor aus Carrara, Kokotten aus Paris. Elektrische Trambahnen rumpeln durch gepflasterte Straßen, vorbei an protzigen Palästen und dem pompösen »Teatro Amazonas«. Die Markthallen mit ihren Pavillons, Türmchen und Art-déco-Fenstern sind ein Entwurf des Franzosen Gustave Eiffel und in Schottland konstruiert. Im Palácio Rio Negro residiert der deutsche Kautschukbaron Waldemar Scholz – »Belle Époque« im Urwald. Dann schmuggelte der Engländer Henry Wickham – was bei Todesstrafe verboten war – in zwei ausgestopften Krokodilen 70 000 Samen des Kautschuk spendenden Hevea-Brasiliensis-Baumes außer Landes. Ein paar Jahre später lieferten die Plantagen Indonesiens und Malaysias billigeren Gummi. Auf dem Weltmarkt purzelten die Preise, die Kautschukbarone meldeten Konkurs an, Manaus kollabierte. Am Vorabend des Ersten Weltkriegs war das einstige »Paris im Urwald« ein bedeutungsloses Provinznest.
Manaus heute: Die feuchte Hitze lähmt, die Kleider kleben am Leib, die Kameralinsen sind beschlagen. Seit 1957 ist die Stadt Freihandelszone, hat sich chemische und technische Industrie niedergelassen und einen zweiten Wirtschaftsboom geschaffen. Wer jedoch auf dem weitläufigen São-Sebastião-Platz vor dem für

2

3

4

1 Den Zuschauerraum des »Teatro Amazonas« schmücken 22 stilisierte Büsten von Dramatikern und Komponisten. **2** Das Theater hat drei Reihen Logen. **3** Der illegale Handel mit Holz bedroht den Fortbestand des Regenwalds. **4** Die Expeditionsleiterin paddelt auf einem Seitenarm des Flusses.

vierzehn Millionen Dollar renovierten »Teatro Amazonas« steht, glaubt sich um ein Jahrhundert zurückversetzt. Was römische Architekten und Pariser Innendekorateure aus italienischen und französischen Materialien mitten im Dschungel errichtet haben, wirkt bizarr: die neoklassizistische Fassade ganz in Rosa, mit ionischen und korinthischen Säulen, überragt von einer riesigen Kuppel mit 65 000 aus dem Elsass importierten vielfarbigen Glasziegeln. Kinogänger kennen das Theater aus Werner Herzogs Film »Fitzcarraldo« mit dem egomanischen Klaus Kinski in der Titelrolle – »on location« gedreht.

In der Buchfassung des Films beschreibt der Regisseur anschaulich eine Premiere im »Teatro Amazonas«: »Das große, pompöse Opernhaus ist festlich erleuchtet, eine Reihe vornehmer Kutschen steht die gesamte Auffahrtsrampe hinauf, die mit hellen und dunklen Pflastersteinen in einem schönen Ornament ausgelegt ist; an

1 In Amazonien sind hölzerne Dampferchen die wichtigsten Verkehrsmittel. **2** Straßenmarkt in Letitia. **3** Straßenmusikant in Obidos.
4 und **5** Kaum hat die »Hanseatic« geankert, drängen sich am Heck die Boote der lokalen Händler. Sie bieten u. a. frische Bananen, Kokosnüsse und Getränke feil.

den lehmig verspritzten Speichen der Räder, in die sich ab und zu große Urwaldblätter verwickelt haben, und an den Hufen der Pferde erkennen wir schon die ersten Anzeichen, dass die Oper mitten im Nichts einer plötzlich zu Reichtum gekommenen Urwaldsiedlung gebaut wurde. Vor dem gewaltigen Eingangsportal stehen zwei indianische Palastgardisten in ihren Uniformen aus den Befreiungskriegen. (...) Bei den Kutschen warten schwarze Diener in Gala-Livrées und mit weißen Handschuhen an den Händen. Ein vornehmer Mann mit Zylinder und schwarzem Umhang, der sich offensichtlich ein wenig verspätet hat, eilt auf das Eingangsportal zu. Sekt für die Pferde, ruft er rasch seinem Bediensteten zu. Der hängt einen Eimer an die Deichsel und füllt ihn tatsächlich mit mehreren Flaschen vom feinsten französischen Champagner. Die Pferde saufen.«

Man schreitet eine sanft geschwungene Treppe hoch, durchquert das Foyer und betritt staunend den rotgoldenen Zuschauerraum mit 685 Plüschsesseln. Halbkreisförmig steigen drei Reihen Logen hoch, stehen im Parterre zweiundzwanzig stilisierte Büsten von Dramatikern und Komponisten, darunter Goethe und Schiller, Mozart und Beethoven. Zur Eröffnung am 31. Dezember 1896 wurde eigens eine Operntruppe aus Italien engagiert, die Amilcare Ponchiellis »La Gioconda« aufführte. Enrico Caruso und Sarah Bernhardt, beide mit Rekordgagen für ein Gastspiel angelockt, lehnten ab – abgeschreckt durch die lange Anreise und das mörderische Treibhausklima. Der in Frankreich hergestellte Bühnenvorhang zeigt eine allegorische Darstellung des »Encontro das Aguas«, des Zusammentreffens der Wasser: Unterhalb von Manaus treffen der dunkle Rio Negro und der helle Rio Solimões zusammen. Dabei fließt das Wasser beider Flüsse erst strikt getrennt nebeneinander her – dort Kaffee, hier Milch –, um sich nach zehn Kilometern zum milchkaffeefarbenen Amazonas zu vereinen.

Für Container-, Fracht- und die meisten Kreuzfahrtschiffe ist Manaus Endstation der Amazonas-Fahrt. Nur eine Handvoll Cruiser mit geringem Tiefgang wie die »Hanseatic« können ihre Reise fortsetzen, wenn in der Hochwasserperiode zwischen Februar und April der Fluss bis achtzehn Meter ansteigt.

Wieder fährt das luxuriöse Kreuzfahrtschiff auf dem jetzt unentwegt mäandernden Amazonas flussaufwärts, stehen täglich Landgänge und Zodiac-Ausflüge, Vorträge, Dia-Shows und Dokumentarfilme auf dem Programm: Einerseits ist der Amazonas-Regenwald reich an Ressourcen, andererseits der Welt größtes Süßwasser- und Sauerstoff-Reservoir. Doch allein in Brasilien verschwindet jede Minute eine Waldfläche von fünf Fußballfeldern, zwanzig Prozent des Baumbestandes sind bereits vernichtet. Umweltschützer warnen: Werde der Raubbau nicht gestoppt, sei die »grüne Lunge« in fünfzig Jahren verschwunden und es drohe ein weltweiter Klimakollaps.

Die »Hanseatic« steuert im Dreiländereck Peru, Brasilien und Kolumbien die Stadt Letitia an – ein berüchtigter Umschlagplatz von Drogen – und geht nach 3646 Kilometern Binnenkreuzfahrt im peruanischen Iquitos ein letztes Mal vor Anker. Wie Manaus erlebte auch Iquitos seine Glanzzeit während des Kautschukbooms, woran noch zahlreiche Häuser erinnern, beispielsweise das von

1 Bei Manaus vereinigen sich der Rio Solimões (links) und der Rio Negro zum Amazonas. **2** Frauen des Bora-Stamms führen in Pevas traditionelle Tänze vor. **3** Die Strecke Manaus–Iquitos , auf welcher der Amazonas unentwegt mäandert, ist nur für lokale Dampfer und Expeditionsschiffe befahrbar. **4** Cocktailstunde in der Lounge. **5** Whirlpool auf dem Observation Deck.

Gustave Eiffel entworfene »Eiserne Haus«. Heute ist die Stadt, auf deren Straßen nicht Autos, sondern Pulks von Motorrädern und »Motocarros« (Auto-Rikschas) dominieren, das Zentrum von Erdölförderung und Regenwaldtourismus.
Beim Farewell Cocktail in der Explorer Lounge hält Kapitän Wolter Rückschau: »Wir haben 242 Tonnen Treibstoff verbraucht, zwei Mal an einer Pier angelegt, 18 Mal geankert und nie die Stabilisatoren ausgefahren.« Letzteres überrascht nicht, maß doch die höchste Welle gerade einmal zwanzig Zentimeter. In Iquitos ist die erlebnisreiche Reise zu Ende. Die »Hanseatic«-Passagiere entdeckten eine faszinierende, aber auch bedrohte Region und folgten damit der Empfehlung einer brasilianischen Zeitung: »Besuchen Sie Amazonien, bevor es zu spät ist!«

Zeit für den Amazonas

MS »Hanseatic«

Die »Hanseatic« (Fünf Sterne, 184 Passagiere) ist wie die »Bremen« (Vier Sterne, 164 Passagiere) von Hapag-Lloyd Kreuzfahrten ein kleines, aber feines Schiff. Zwischen Arktis und Antarktis macht es längere Reisen mit Expeditionscharakter abseits der üblichen Routen, ist regelmäßig auf dem Amazonas unterwegs und kann dank ihres geringen Tiefgangs stromaufwärts bis Iquitos fahren. Für größere Schiff ist Manaus die Endstation einer Amazonasreise. Alle Kabinen liegen außen und haben einen kostenlosen E-Mail-Zugang mit eigener Adresse. Küche und Service sind gepflegt, alle Ausflüge im Preis eingeschlossen. Am Ende der Kreuzfahrt erhalten die Passagiere zur Erinnerung ein bebildertes Tagebuch der Reise und die gesammelten Speisekarten. Weitere Informationen in der Broschüre »MS Hanseatic«. Im Internet: www.hlkf.de

Beste Reisezeit Februar bis April

Die Website www.amazonas.de gibt exzellente Informationen über Geschichte, Regenwald und Indios.

Literatur zur Einstimmung

Alexander von Humboldt, Vom Orinoco zum Amazonas
Alain Gheerbrant, Amazonas – der sterbende Riese
Alfred Döblin, Amazonas (Romantrilogie)
Werner Herzog, Fitzcarraldo (Filmerzählung)

DVDs zur Einstimmung

Die Filme »Fitzcarraldo« und »Aguirre. Der Zorn Gottes« von Werner Herzog, beide an den Originalschauplätzen gedreht.

Flusskarte

Die beste Karte des Amazonasbeckens (1:4 000 000) ist bei International Travel Map Productions erschienen. Auslieferung: Bradt Publications, 41 Nortoft Road, Chalfont St. Peter, Bucks. SL9OIA, England.

Länge 6788 km
Quelle in den peruanischen Anden
Mündung in den Atlantischen Ozean
Schiffbar bis Iquitos in Peru

1

2

3

4

Der mächtige Mississippi

Eine nostalgische Reise durch Amerikas »Old South«

Die Dampfschifffahrt auf dem Missisippi hat eine lange Tradition. Sie begann 1811 mit der »New Orleans«, erreichte in der zweiten Hälfte des 19. Jahrhunderts ihren Höhepunkt und endete 2008 mit der »Delta Queen«.

»All aboard!«, tönt es aus dem Ruderhaus, während die Calliope, eine achtern gelegene Dampforgel, Evergreens tutet und sich das knallrote Heckrad zu drehen beginnt. Die »Delta Queen«, Baujahr 1927, legt ab und fährt den milchkaffeebraunen Mississippi hoch – in vier Tagen von New Orleans nach Vicksburg, in drei Tagen wieder zurück.

Der 4074 Kilometer lange Mississippi hat viele Namen. Die Chippewa-Indianer nannten ihn Misi Sipi (Großes Wasser), Hernando de Soto, der 1541 als erster Weißer an seinem Ufer stand, taufte ihn Rio Grande. Für die schwarzen Sklaven war er der Ol'Man River. Nordamerikas mächtigster Strom ist mehr als eine vielbefahrene Verkehrsader, an seinen Ufern konzentriert sich Geschichte und ist der Jazz geboren. Wer auf ihm fährt, macht eine Reise in die Vergangenheit, zurück in eine Zeit, die von den Südstaatlern wehmütig verklärt wird: den »Alten Süden« vor dem Bürgerkrieg, als auf den Baumwollfeldern schwarze Sklaven schufteten und damit einer Handvoll von weißen Plantagenbesitzern zu märchenhaftem Reichtum verhalfen.

Im Bordrestaurant servieren Stewards »Southern Cuisine« – zum Frühstück Grits, zum Abendessen Rice and Beans –, im »Pilot House« gibt der Lotse mit einem altertümlichen Maschinentelegrafen Befehle in den blitzsauberen Maschinenraum, wo auf einem Metalltäfelchen »Krupp 1926« steht. In Kabinen und öffentlichen Räumen dominiert Teak-, Eichen- und Zedernholz, sind Lift und Fernseher unbekannt, aber Feuermelder und Rauchdetektoren allgegenwärtig. Der knapp neunzig Meter lange Dampfveteran, der zu den »Historic Hotels of America« gehört und unter Denkmalschutz steht, fährt stromaufwärts. An den flachen Ufern liegen Städte und Industrieanlagen, weite Baumwollfelder und historische Herrschaftshäuser. Die »Delta Queen« begegnet Schubverbänden mit bis zu siebzig Leichtern, weicht dahintreibenden Baumstämmen aus, driftet zum Ufer und lässt die mitgeführte Landungsbrücke ausfahren.

1 Im 19. Jahrhundert verkehrten über 700 »Steamboats« auf dem Mississippi. **2** Ein Adler schmückt das Ruderhaus. **3** Ein rotes Heckrad treibt die »Delta Queen« an. **4** Während 60 Jahren fuhr der Oldie, Amerikas letztes dampfbetriebenes historisches Kabinenschiff, auf dem Ol'Man River.

1 Raddampfer verkörpern ein Stück amerikanischer Transportgeschichte. **2** Wenn der Dampforganist in die 32 Tasten der Calliope greift, steigen rhythmische Dampfschwaden hoch. **3** Die am Heck mitgeführte Gangway war typisch für Mississippi-Schiffe. **4** Die stillgelegte »Mississippi Queen«, Baujahr 1957, ist die moderne Kopie eines »Steamboats«. **5** Beim Anlegen der »Delta Queen« schwenken Matrosen die Gangway aus.

Strommeile 230. Baton Rouge, die Hauptstadt von Louisiana, nimmt sich gesichtslos aus; ein außerhalb gelegenes Freilichtmuseum zeigt die Kehrseite des aristokratischen Südens von einst: Hütten, Werkstätten, Kirche und Gefängnis zeigen, wie die Sklaven gelebt haben. In diesen Holzbaracken wird die Welt von Harriet Beecher Stowes »Onkel Toms Hütte« lebendig, als in der »Nashville Gazette« am 22. Oktober 1852 die Annonce stand: »Zu verkaufen sind: Mehrere wohlgestaltete Mädchen von 10 bis 18 Jahren, ein Weib von 14 und eine sehr brauchbare Frau von 25 Jahren mit 3 hübschen Kindern.«
Strommeile 265. Rosedown gehört zu den schönsten »Plantation Houses« am Mississippi. Eine Allee mit hundertjährigen Eichen, die sich zu einem tunnelähnlichen Gewölbe zusammenschließen, führt zur zweistöckigen Villa aus Holz.

Mitte des 19. Jahrhunderts verkehrten auf dem Mississippi 740 Dampfschiffe: Am Bug eine ausschwenkbare Gangway, die Aufbauten aus Holz, am Heck oder auf beiden Seiten des Rumpfs ein hölzernes Schaufelrad, alles überragt von zwei schlanken schwarzen Schornsteinen mit kronenförmigem Abschluss. Sie transportierten Baumwolle und Passagiere, waren schwimmende Varietés und wurden als »schwimmende Paläste« bestaunt: Kandelaber aus Silber, Statuen aus Marmor, Täfelung aus Rosenholz. Kritische Zeitgenossen sprachen von »schwimmenden Vulkanen«, weil die Schiffe immer wieder durch Funkenwurf oder Kesselexplosion in Brand gerieten. Eine Mississippi-Fahrt war denn auch nicht ungefährlich, allein zwischen 1811 und 1840 fanden durch Feuer, Ertrinken und Flusspiraten viertausend Menschen den Tod.
Mit seinem autobiografischen Buch »Leben auf dem Mississippi« hat Samuel Langhorne Clemens den Flussschiffen ein literarisches Denkmal gesetzt. Der Schriftsteller, der von 1857 bis 1860 als Lotse auf dem Mississippi fuhr und vom Ruf »Mark Twain!« (Zwei Faden, 3,7 Meter) beim Messen der Wassertiefe sein Pseudonym erhielt, erzählt farbig vom Bordalltag und berichtet: »Als ich ein Knabe war, gab es für uns Jungens nur ein Ziel: Zur Mannschaft

4

5

eines Dampfschiffs zu gehören.« Dann kam die effizientere und schnellere Eisenbahn, die anachronistisch gewordenen »Paläste« hatten ausgedient – bis die Greene Line Steamers Company (nach 1973 Delta Queen Steamboat Company) 1948 mit der »Delta Queen« die Tradition des »Steamboating« (Dampferfahrt) und der »Steamboaters« (Dampfschiffpassagiere) auf dem Ol'Man River wieder aufleben ließ. Während fünfzig Jahren dampfte das Nostalgieschiff auf dem Mississippi, legte unfallfrei drei Millionen Kilometer zurück und transportierte eine halbe Million Passagiere, unter ihnen Englands Prinzessin Margaret in Kabine 119 und Amerikas Präsident Jimmy Carter in Kabine 337. Zwar verbieten amerikanische Gesetze Kreuzfahrten auf Kabinenschiffen mit hölzernen Aufbauten, bei der »Delta Queen« drückte der Kongress jedoch lange ein Auge zu und stellte eine Ausnahmegenehmigung aus, die regelmäßig erneuert wurde. Als dies 2008 aus unerfindlichen Gründen verweigert wurde, organisierten aufgebrachte »Steamboaters« Protestaktionen und überhäuften die Abgeordneten mit Tausenden »Save the Delta Queen«-Mails. Auch der Präsidentschaftskandidat Barack Obama soll sich für die Rettungsaktion engagiert haben. Washington blieb unbeeindruckt – kurz vor Jahresende unternahm die »Delta Queen« ihre letzte Mississippi-Kreuzfahrt: Die legendären »Steamboats« verkörpern noch heute ein Stück amerikanischer Geschichte. Stephen Fosters zum Volkslied gewordenes »Oh Susanna« beschreibt eine Dampferfahrt auf dem Mississippi, das drei Mal verfilmte Musical »Show Boat« handelt von der Tingeltangel-Truppe eines Dampfschiffs, sein »Ol'Man River«-Song ist ein Evergreen. Noch gibt es in den USA rund zweihundert Dampfschiffe, die Tagesausflüge unternehmen, stationäre Spielkasinos sind oder in Walt Disneys Vergnügungsparks auf künstlichen Seen im Kreis herumfahren. Seit 1988 dampfen alle paar Jahre zwei Dutzend von ihnen zum »Tall Stacks«-Festival nach Cincinnati – tall stacks: große Schornsteine. Dann schwelgt die Stadt am Ohio River fünf Tage lang im Nostalgierausch. Ohne Cincinnatis Skyline würde man sich im vorletzten Jahrhundert glauben.

Strommeile 364. Natchez, 1716 von Franzosen gegründet und damit älteste Siedlung am Ol'Man River, ist halb Wild-West-Stadt, halb griechischer Tempelbezirk. Allenthalben zweistöckige Holzhäuser mit Säulen und Kapitellen – über zweihundert stammen aus der ersten Hälfte des 19. Jahrhunderts, dreißig sind denkmalgeschützt. Natchez war einst, der Besucher spürt es auf Schritt

1

2

3

und Tritt, Amerikas reichste Stadt, in der vor dem Bürgerkrieg sechs der acht amerikanischen Millionäre wohnten. Der lokale »Pilgrimage Garden Club« bemüht sich rührend, das bauliche Erbe zu bewahren. Er kauft Häuser auf, restauriert sie und macht sie der Öffentlichkeit zugänglich. Beispielsweise die in den fünfziger Jahren des 19. Jahrhunderts für Frederick Stanton gebaute Stanton Hall. Der Baumwollmillionär schickte seinen Architekten auf eine ausgedehnte Europareise, um die gesamte Innenrichtung zusammenzukaufen. Für den Transport von Spiegeln, Gobelins und Marmor über den Atlantik musste eigens ein Schiff gechartert werden. Professionelle Kartenspieler und leichte Mädchen hatten in dieser piekfeinen Umgebung nichts zu suchen, sie wurden nach Natchez Under-the-Hill am Ufer des Mississippi verbannt. Hier amüsierten sich Kapitäne, Lotsen und Matrosen der »Steamboats« in Kneipen und Kasinos, was dem Vergnügungsviertel den Ruf eines amerikanischen Sodom und Gomorrha eintrug.

Schließlich Strommeile 437, Vicksburg. Wo sich im Bürgerkrieg 32 000 Konföderierte und 77 000 Yankees erbittert bekämpft haben, erstreckt sich heute eine parkähnliche Landschaft mit Schützengräben, Kanonen und grauslichen Denkmälern. Blaue Tafeln zeigen, wo die Angreifer, rote, wo die Verteidiger in Stellung lagen. Nach der Einnahme der während sechs Wochen belagerten Stadt im Juli 1863 durch den Norden zeichnete sich für den rebellischen Süden die Niederlage ab, er verlor den Mississippi als Transportweg und wurde in zwei Hälften geteilt. Mit dem Sieg der Union waren Glanz und Glorie von »Old South« vorbei, die Abschaffung der Sklaverei brach ihm das wirtschaftliche Rückgrat. Doch die Südstaatler haben die aristokratischen Zeiten von einst nicht vergessen. Sie stellen Schlachten aus dem Bürgerkrieg nach, sticheln genüsslich gegen die siegreichen Yankees und stehen gerührt auf, wenn »Dixie«, ihre einstige Hymne, ertönt.

Mit sechs Meilen pro Stunde ist die »Delta Queen« nach Vicksburg gedampft, die Talfahrt zurück nach New Orleans schafft sie fast doppelt so schnell. Der Heckraddampfer legt in New Orleans an, genau wie es bei Mark Twain nachzulesen ist: »Schrillend schießt der zusammengepresste Dampf aus den Ventilen. Der Kapitän hebt die Hand, eine Glocke ertönt, die Räder halten an.« Es war eine Reise auf den Spuren Mark Twains, Margaret Mitchells und Harriet Beecher Stowes. Eine nostalgische Fahrt durch den »Alten Süden«, von dem lediglich herrschaftliche Häuser, verklärte Erinnerungen und ungebeugter Stolz geblieben sind. Alles andere ist »vom Winde verweht«.

1 und 2 Alle paar Jahre treffen sich in Cincinnati Nostalgiedampfer aus ganz Amerika. Dann wird Bürgerkrieg gespielt, werden Kanonen durch die Gegend gezogen, brutzeln Yankee-Soldaten im Zeltlager Steaks. 3 Promenaden führen rund um die »Delta Queen«. 4 Abends spielt eine Dixieland-Band.

Zeit für den Mississippi

MS »Delta Queen«

Der Heckraddampfer, gern »Grand Old Lady of the American Rivers« genannt, hat eine bewegte Vergangenheit. Er wurde in Schottland gebaut, zerlegt, per Schiff nach Kalifornien transportiert und wieder zusammengesetzt. Von 1927 bis 1940 unternahm die »Delta Queen« zusammen mit ihrer Schwester »Delta King« Kreuzfahrten auf dem Sacramento River.
Im Zweiten Weltkrieg requirierte die US-Navy beide Schiffe, um sie in San Francisco erst als Ferry Boats, später als schwimmende Lazarette einzusetzen. Allerdings schaukelten die flachbodigen Flussschiffe derart bedenklich, dass selbst Matrosen, die im Pazifik wüste Stürme erlebt hatten, seekrank wurden. Als nach Kriegsende die Delegierten von fünfzig Nationen zur Gründungskonferenz der Vereinten Nationen in San Francisco weilten, benutzten sie die »Delta Queen« für Empfänge und Ausflugsfahrten. Danach wurde das Dampferchen verkauft und in 29 Tagen übers Meer und durch den Panamakanal nach New Orleans gebracht. 1948 unternahm es seine erste Kreuzfahrt auf dem Mississippi, wechselte danach wiederholt den Besitzer und gehörte kurze Zeit zum Coca-Cola-Konzern. Seit Februar 2009 liegt Amerikas letztes dampfbetriebenes historisches Kabinenschiff als »Delta Queen Hotel« in Chattanooga an der Pier. Damit teilt es das Schicksal der »Delta King«, die in Sacramento ein schwimmendes Hotel ist.
Informationen im Internet: www.deltaqueenhotel.com, www.deltaking.com

Literatur zur Einstimmung

Harriet Beecher-Stowe, Onkel Toms Hütte (1852)
Peter Handke, Der kurze Brief zum langen Abschied (1972)
Margaret Mitchell, Vom Winde verweht (1936)
Mark Twain, Die Abenteuer des Huckleberry Finn (1884)
Mark Twain, Die Abenteuer des Tom Sawyer (1876)
Mark Twain, Leben auf dem Mississippi (1883)

Quelle Lake Itasca in Minnesota
Länge 3778 km
Schiffbar bis St. Paul
Mündung südlich von New Orleans in den Golf von Mexiko

Asien und Australien

Flussfahrten auf Nostalgieschiffen in Australien, Myanmar, Kambodscha und Vietnam.
Im Bild: Hoch über dem Mekong liegt das Kloster Wat Hanchey.

1

2

3

4

Auf dem Mekong durch Südostasien

Tempel, Reisfelder und »Schwimmende Dörfer«

Die luxuriöse »Orient Pandaw«, die nostalgischen Charme mit modernem Komfort verbindet, macht Kreuzfahrten auf dem Unterlauf des über viertausend Kilometer langen Mekong.

Barfuß, aber mit Krawatte und blütenweißer Uniform schaut Kapitän Pham Huu Quy seinem Rudergänger über die Schulter. Vor dem Bug der »Orient Pandaw« überquert ein überladenes Fährschiff den milchkaffeebraunen Mekong, an Steuerbord tauchen zwischen Palmen sattgrüne Reisfelder auf, immer wieder auch bunte Pagodendächer. An Backbord stehen Hütten aus Holz oder Wellblech auf Pfählen im Wasser, jede überragt von einer gut zehn Meter hohen Fernsehantenne. Die Passagiere sitzen auf Rattansesseln vor ihrer Kabine, stehen fotografierend an der Reling oder lesen im Schatten einer Markise auf den Liegestühlen des Sonnendecks Romane mit Bezug zum Reiseland – Graham Greenes »Der stille Amerikaner« (1955) und Marguerite Duras' »Der Liebhaber« (1984).

Nach einer zweistündigen Busfahrt durch das topfebene Mekong-Delta sind sie gestern in My Tho an Bord gekommen, zuvor hatten sie zwei Tage in der boomenden Ho-Chi-Minh-Stadt, dem einstigen Saigon, Sightseeing gemacht. Eine Metropole voller Gegensätze: Einerseits Tempel und Pagoden, Freiluftmärkte und Kolonialvillen, andererseits Bürowolkenkratzer und Designer-Boutiquen, Shoppingcenter und Schickeria-Discos. Der Verkehr ist chaotisch, durch die Acht-Millionen-Stadt rattern fünf Millionen luftverpestende Mopeds in Zehnerreihen nebeneinander und im Zentimeterabstand hintereinander.

Die Erinnerungen an zwei Kriege – den französischen Indochina-Krieg von 1946 bis 1954 und den amerikanischen Vietnam-Krieg von 1964 bis 1975 – sind verblasst. Das »Museum der amerikanischen Kriegsverbrechen« heißt heute »Kriegsreste-Museum«, Saigons größte Diskothek mit drei Dancefloors für tausend Gäste »America«. Vietnam blickt nicht im Zorn zurück, sondern optimistisch in die Zukunft.

Der Kontrast zwischen der geschäftigen Metropole und dem ländlich beschaulichen Vietnam irritiert die Binnenkreuzfahrer der luxuriösen »Orient Pandaw«. Der Nachbau eines Dampfers der burme-

1 Verkäuferin auf einem Markt in Ho-Chi-Mingh-Stadt. **2** Abendstimmung auf dem Mekong. **3** Thronhalle des Königspalastes in Phnom Penh. **4** Die »Orient Pandaw« hat eine 28-köpfige Besatzung und Kabinen für sechzig Passagiere.

1

2

3

sischen Irrawaddy Flotilla Company des 19. Jahrhunderts verbindet Retro-Charme mit modernem Komfort. Mal geht das Schiff an der Pier längsseits, mal ankert es mitten im Fluss oder macht in einem Dorf mit Trossen an zwei Bäumen fest. Dann stehen alle Bewohner, froh über die Abwechslung im monotonen Alltag, neugierig am Ufer, lädt der Kapitän gelegentlich den Abt eines nahe gelegenen Klosters oder eine Schulklasse zur Schiffsbesichtigung ein. Jeden Tag stehen Ausflüge auf dem Programm. Die lokalen Führer überraschen durch ihr gutes Deutsch, das sie bei einem Studienaufenthalt in der DDR erworben haben.

Im Mekong-Delta, Vietnams Reiskammer mit jährlich bis zu drei Ernten, mündet der im Tibet entsprungene Fluss in acht Haupt- und zahlreichen Nebenarmen ins Südchinesische Meer. Die Binnenkreuzfahrer steigen in kleine Boote um, tuckern zu »Schwimmenden Märkten« mit Bordwand an Bordwand verankerten Sampans und zu »Schwimmenden Dörfern« mit Dutzenden primitiver Hütten, die wie Hausboote im Wasser liegen. Ob Laden, Kneipe, Schule oder Tankstelle – alles schwimmt. In Käfigen unter der Wasseroberfläche wachsen Pangasius-Zuchtfische heran, die nach sechs Monaten in Fischfabriken filetiert und tiefgefroren, danach auf Containerschiffen in die ganze Welt exportiert werden. Allein die deutschen Supermärkte verkaufen jährlich 140 000 Tonnen, ihre Kunden lieben die fettarmen, grätenfreien und preisgünstigen Pangasius-Fischstäbchen.

In Chau Doc lassen sich die Reisenden mit Fahrradrikschas durch die Kleinstadt fahren, bevor sie über den Markt bummeln. Hier sind tropische Früchte zu Pyramiden aufgetürmt, stehen Bambuskörbe mit Gemüse und Garnelen, Baguettes und Blumen, stapeln sich garantiert raubkopierte DVDs mit neuesten Holly- und Bollywoodfilmen, die nur einen Dollar kosten. Dazwischen liegen, sorgfältig gebündelt, wertlose 100-Dollar-Noten – »Geistergeld« fürs Jenseits. Wenn die Passagiere auf ihr Schiff zurückkehren, reicht die Mannschaft Erfrischungstücher, serviert Drinks und sammelt die Schuhe ein, um sie wieder auf Hochglanz zu bringen. Die »Orient Pandaw« fährt auf dem breit dahinfließenden Mekong nach Norden, passiert die vietnamesisch-kambodschanische Grenze. Nach Sonnenuntergang macht sie in Phnom Penh fest, Kambodschas Hauptstadt am Zusammenfluss von Mekong und Tonle Sap

4

5

– Sap heißt Fluss auf Kambodschanisch –, der den Boeng Tonle Sap (Boeng = See) entwässert.
Wie Vietnam war auch Kambodscha während fast eines Jahrhunderts unter französischer Kolonialherrschaft. Doch anders als Ho-Chi-Minh-Stadt hat Phnom Penh sein französisches Flair mit breiten Boulevards, schattigen Alleen, zahlreichen Grünanlagen und einer Markthalle im Art-déco-Stil bewahrt. Am Abend wird die zwei Kilometer lange Uferpromenade zur Flaniermeile, sind Bars, Cafés und Restaurants mit Namen wie »Lyon d'Or«, »Metro« oder »Rendez-Vous« bis auf den letzten Platz besetzt. Der weitläufige Königspalast ist Phnom Penhs touristische Top-Attraktion. Umgeben von einer hohen Mauer befindet sich in einer gepflegten Gartenanlage die Residenz von König Norodom, stehen Pagoden und Pavillons, deren farbige Dächer, verschnörkelte Giebel und vergoldete Türmchen an Bangkoks Wat Phra Keo erinnern.
In den 1960er Jahren war Kambodscha das Land mit Südostasiens höchstem Lebensstandard, heute gehört es zu den ärmsten. Schuld sind die Nachwirkungen der »3 Jahre 8 Monate 20 Tage«, wie Kambodschaner das Terrorregime der Roten Khmer unter Pol Pot meistens nennen. Um Kambodscha zum Agrarland mit einer perfekten kommunistischen Gesellschaft zu machen, deportierte der Diktator die Bevölkerung aufs Land, wo sie unter unmenschlichen Bedingungen auf den Reisfeldern schuften musste. Schulen, Universitäten und Spitäler wurden geschlossen, Ärzte, Intellektuelle und Techniker ermordet. Wer sich »reaktionärer« Gedanken verdächtig machte, verschwand in einem der über hundert Konzentrationslager. Am berüchtigtsten ist das S 21 in Phnom Penh, das zuvor ein Gymnasium war und heute das »Völkermordmuseum Toul Sleng« ist. Schweigend schreiten die Passagiere der »Orient Pandaw« an winzigen Zellen vorbei, betrachten schaudernd Folterinstrumente und Fotos der 20 000 Inhaftierten, von denen nur sieben überlebt haben. Nachdenklich stimmt sie ein Gang über die

1 In Ho-Chi-Minh-Stadt leben acht Millionen Menschen und verpesten fünf Millionen Mopeds die Luft. **2** Buddhistischer Tempel im ehemaligen Saigon. **3** In Cai Be überragt der Turm einer pseudogotischen Kirche die hölzernen Häuser. **4** Am liebsten halten sich die Binnenkreuzfahrer unter der Markise des Sonnendecks auf. **5** Abendunterhaltung mit lokalen Tänzerinnen.

1

2

»Killing Fields« im Südwesten der Stadt. Um Munition zu sparen, knüppelten hier meist jugendliche Rote Khmer die im S 21 Gefolterten mit Eisenstangen, Schaufeln oder Spitzhaken zu Tode und verscharrten sie in Massengräbern. Während Pol Pots Schreckensherrschaft kamen geschätzte zwei Millionen Kambodschaner ums Leben – ein Viertel der Bevölkerung.
Der Boutique-Cruiser setzt seine Reise fort, die Passagiere besuchen auf den Landgängen buddhistische Klöster, feilschen auf den Märkten, spazieren durch Dörfer, fotografieren Buddhastatuen, Pfahlbauhütten und Kinder. Letztere posieren willig und haben eine Riesenfreude, sich auf dem Monitor einer Digitalkamera zu sehen. Dafür erweisen sich zur Enttäuschung der Binnenkreuzfahrer die seltenen Süßwasserdelfine, die sich beim Provinzstädtchen Kratie im Mekong tummeln, als ausgesprochen kamerascheu. Anders als die Delfine im Meer kommen sie nur mit Kopf und Rücken kurz an die Oberfläche und tauchen gleich wieder ab. Wenn die Teleobjektive der Hobbyfotografen fokussiert sind, ist nur noch gekräuseltes Wasser zu sehen.
Später biegt das Schiff in den Tonle Sap ein, ein Kuriosum unter den Flüssen. Wenn im Mai die Monsunzeit beginnt, schwillt der Mekong so stark an, dass er den kleineren Tonle Sap staut. Sein Wasser fließt rückwärts in den Boeng Tonle Sap, steigt bis fünfzehn Meter an und überschwemmt Tausende Quadratkilometer Land. Im Spätherbst fließt der Fluss wieder meerwärts und hinterlässt fruchtbare Schwemmböden für die Reisfelder.
Nach zehn Flusstagen endet die Binnenkreuzfahrt durch Vietnam und Kambodscha in Siem Reap am Nordufer des Boeng Tonle Sap. Auf die Passagiere wartet nun noch das »Grande Finale«, das nur sechs Kilometer entfernte Angkor. Vom 9. bis ins 16. Jahrhundert war Angkor die Hauptstadt des mächtigen Khmer-Reichs. Die hölzernen Königspaläste, Verwaltungsgebäude und Wohnhäuser sind längst verschwunden, überlebt haben die fast tausend steinernen Tempel und Heiligtümer. Während Jahrhunderten blieb Angkor im Westen nahezu unbekannt. Dann stieß 1860 der Franzose Henri Mouhat eher zufällig auf die Tempelanlage im Urwald und schwärmte: »Das ist größer als alles, was uns von den Griechen und Römern erhalten geblieben ist.« Archäologen aus aller Welt legten die Tempel von der tropischen Vegetation frei, erforschten und restaurierten sie. Heute locken Angkors Monumente jährlich zwei Millionen Besucher an, die, von Souvenirverkäufern umringt,

1 Der Tonle Sap bei Hochwasser während der Monsunzeit. **2** Die Schwimmenden Dörfer auf dem Tonle Sap liegen wie Hausboote im Fluss. **3** Der schwarz-rote Schornstein der »Orient Pandaw« ist eine Attrappe.

staunend und knipsend, mit Bussen, Mopedtaxis oder auf Elefantenrücken von Tempel zu Tempel pilgern. Das beliebteste Fotomotiv ist Angkor Wat (Wat = Tempel), das größte sakrale Bauwerk der Welt: pyramidenförmig, 1500 Meter lang, 1300 Meter breit, von einem Wassergraben umgeben, mit Treppen, Höfen und Galerien, überragt von fünf bis 65 Meter hohen maiskolbenförmigen Türmen. Letztere sind Kambodschas Wahrzeichen, das sich auch auf der Landesflagge und den Banknoten befindet.
Indem die Khmer-Architekten die Etagen von unten nach oben zunehmend niedriger bauten, wirkt das Heiligtum höher als es ist. Ein Trick, den Walt Disney für die Bauten in seinen Fun-Parks übernommen hat. Innen ist Angkor Wat verschwenderisch mit Statuen, Statuetten sowie einem sechshundert Meter langen und zwei Meter hohen Flachrelief dekoriert. Wie ein monumentaler steinerner Comicstrip stellt es Szenen aus der hinduistischen Mythologie und der Geschichte des Khmer-Reiches dar – mal Fußsoldaten,

1

1 Angkor Wat ist Angkors spektakulärster Tempelkomplex und der weltgrößte sakrale Bau. **2** Kambodschanische Kinder sind nicht fotoscheu.

Streitwagen und Kriegselefanten im Schlachtgetümmel, mal das Jüngste Gericht: Die Guten kommen in den Himmel, wo sie von Apsaras, den himmlischen Jungfrauen, verwöhnt werden. Die Bösen fallen durch eine Falltür in die Hölle, werden in Bottichen gekocht, von Dämonen zersägt, von Raubvögeln in Stücke gerissen. Das nimmt sich wie asiatische Illustrationen für Dantes »Göttliche Komödie« aus, allerdings zweihundert Jahre früher entstanden.

Das benachbarte Angkor Tom (Große Stadt) war bis ins 16. Jahrhundert mit einer Million Einwohnern die weltgrößte Stadt. Im von einem Wassergraben und einer acht Meter hohen Mauer umgebenen Zentrum wohnten Könige, Priester und Beamte. Der imposanteste Gebäudekomplex ist der buddhistische Bayon-Tempel. Seine sechzehn Türme schmücken je vier riesige, in Stein gemeißelte Gesichter, die in die vier Himmelsrichtungen schauen. Auch hier gibt es Flachreliefs, die Schlachten und Szenen aus dem Alltag mit verblüffender Detailtreue darstellen: Männer spielen Schach oder trinken Branntwein, Frauen brutzeln in der Küche, verkaufen Früchte oder baden im Fluss, in einem Zirkus treten Akrobaten, Jongleure und Seiltänzer auf. Während viele der Tempel und Heiligtümer renoviert wurden, blieb das Buddhisten-Kloster Ta Prohm so, wie es die Archäologen vorgefunden haben. Die Mauern, Portale und Dächer sind teils eingestürzt, teils umschlungen von den Wurzeln der Urwaldriesen, die wie die Tentakel eines Riesenkraken aussehen.

Auch wer sich mehr für Action-Filme als für Altertümer interessiert, kennt Angkor Wat und Ta Prohm – aus dem Film »Lara Kroft: Tomb Raider« mit Angelina Jolie in der Hauptrolle. Einige Schlüsselszenen des Films wurden »on location« gedreht. Die ebenso attraktive wie schießwütige Titelheldin soll Stammgast der »Red Piano Bar« in der Bar Street in Siem Reap gewesen sein. Seither steht auf der Getränkekarte ein »Tomb Raider Cocktail«, dem Angelina Jolie bevorzugt getrunken haben soll.

Zeit für den Mekong

MS »Orient Pandaw«

Das lediglich 55 Meter lange Schiff mit Heimathafen Phnom Penh hat hölzerne Aufbauten, auf zwei Decks geräumige Kabinen mit Schiebetüren zur Promenade und für maximal sechzig Passagiere eine 28-köpfige Besatzung. Es sind ausschließlich Vietnamesen, Kambodschaner und Burmesen, die einen exzellenten Service bieten. Frühstück und Mittagessen gibt es vom Büffet, das Abendessen wird serviert. Danach stimmen im Kino Filme wie »Indochine« und »Killing Fields« auf Land und Leute ein, tritt eine lokale Folkloretruppe auf, sitzt alles plaudernd und trinkend bis tief in die Nacht auf Deck. Die täglichen Ausflüge sind im Preis eingeschlossen.

Pandaw River Cruises

Die 1995 gegründete Pandaw River Cruises besitzt sechs luxuriöse, auf burmesischen und vietnamesischen Werften gebaute Boutique-Cruiser, die in Myanmar auf dem Ayeyarwady, in Vietnam und Kambodscha auf dem Mekong, in Indien auf dem Ganges und auf Borneo auf dem Rajang verkehren. Die Gesellschaft beschäftigt fast ausschließlich Südostasiaten, im Management sind für die Bereiche Hotel und Gastonomie zwei Deutsche zuständig.
In Deutschland ist Pandaw River Cruises vertreten durch moana concepts, Stephanstrasse 3, 60313 Frankfurt/M., Telefon 069/50 500 530.
Im Internet: www.moana-concepts.de, www.pandaw.com

Beste Reisezeit Dezember bis Februar

Literatur zur Einstimmung

Marguerite Duras, Der Liebhaber
Graham Greene, Der stille Amerikaner

Quelle Tibet
Länge Die Angaben variieren zwischen 4350 und 4982 km
Schiffbar bis Luang Prabang in Laos (Oberlauf), bis zu den Sambor-Wasserfällen bei Kratie in Kambodscha (Unterlauf)
Mündung südlich von Ho-Chi-Minh-Stadt ins Südchinesische Meer

1

2

3

4

Der tückische Ayeyarwady

Myanmar – das »Land der tausend Pagoden«

Der Ayeyarwady entspringt wie Mekong und Jangtse am Himalaja und durchfließt Myanmar von Norden nach Süden. Bis 1989 hieß die einstige britische Kolonie Burma und der Fluss Irrawaddy.

Träge windet sich der 2170 Kilometer lange Ayeyarwady, Myanmars Hauptverkehrsader, durch weite Ebenen der Andamanensee zu. An den Ufern reihen sich goldene Pagoden, weiße Stupas und liegende, sitzende, stehende oder gehende Buddhastatuen wie auf einer Perlenkette. Frauen waschen ihre Longyi (sprich: Longschi), die landestypischen Wickeljupes, Ochsengespanne holen mit Holzfässern Wasser für die Reisfelder. Auf dem Fluss werfen Fischer in schlanken Holzbooten ihre Netze aus, treiben aus Hunderten von Teakholzstämmen zusammengebundene Flöße flussabwärts, fahren verrostete Dampfer, überladene Frachtkähne und der luxuriöse Binnenkreuzer »Road to Mandalay«.

Im Ruderhaus steht in blütenweißer Uniform Kapitän Ba Nyang, der zuvor mit Frachtern auf großer Fahrt gewesen ist, umgeben von einem Rudergänger, dem Ersten Offizier, einem »River Master« und zwei Lotsen. »Der Ayeyarwady ist tückisch«, erklärt er. »Der Fluss ändert immer wieder seinen Lauf, hat im Frühling Hochwasser und starke Strömungen, im Herbst Niedrigwasser und zahlreiche Sandbänke.« Zwar gibt es Kompass, GPS und zwei Echolote, doch die burmesischen Nautiker verlassen sich lieber auf Erfahrung und Tradition. Die »River Masters« befahren allwöchentlich die Strecke Mandalay–Bagan, messen mit Bambusstangen die Wassertiefe, versetzen Bojen und Markierungen, tragen auf Skizzen Sandbänke und Wasserstand ein. Kapitän Nyang steuert nach diesen Zeichnungen, orientiert sich aber auch an Pagoden und Baumwipfeln. Doch selbst das farbige Buddhabild im Ruderhaus bewahrt ihn nicht davor, dass er sein Schiff gelegentlich auf eine Sandbank setzt, von der er sich dank PS-starken Motoren meist rasch wieder befreien kann. Ohne diese Hilfsmittel mussten früher Elefanten ein Schiff zurück in die Fahrrinne ziehen.

Auf dem Sonnendeck der »Road to Mandalay« lassen sich die Passagiere in Rattansesseln sitzend vom Steward »Mandalay«-Bier servieren, kühlen sich im Swimmingpool ab, stehen fotografierend an der Reling und sind begeistert: Einerseits von den exotischen Sakralbauten und dem aufmerksamen Service der überwiegend

1 Die burmesische Mannschaft bietet einen exzellenten Service. **2** Buddhastatue in der Shwezigon-Pagode. **3** Mönche erhalten ihre tägliche Reisration. **4** Die »Road to Mandalay« fuhr einst als »Nederland« auf dem Rhein.

1

2

3

burmesischen Mannschaft, andererseits vom Lächeln und der Freundlichkeit der tiefgläubigen Burmesen, denen sie bei Landgängen begegnen. Der Schauspieler, Autor und Weltenbummler Peter Ustinov gestand: »Am liebsten würde ich jedes Jahr zu diesen freundlichen Menschen zurückkommen, die ungleich freundlicher sind als die Welt, in der sie leben.« Seit 1989 terrorisiert eine menschenverachtende Militärdiktatur das »Land der tausend Pagoden« und verschanzt sich hinter einem »Bambusvorhang« vor dem Rest der Welt.

Der Name des schwimmenden Fünf-Sterne-Hotels ist eine Hommage an das Gedicht »Mandalay« des englischen Schriftstellers Rudyard Kipling: Komm zurück nach Mandalay, / Wo die alte Flotilla lag. / Hörst du nicht ihre Ruder platschen / Von Rangoon bis nach Mandalay? / Auf der Straße nach Mandalay, / Wo die fliegenden Fische spielen / Und die Dämmerung wie Donner / Von China über die Bucht hereinbricht.

Frank Sinatra machte aus Kiplings Gedicht den swingenden Song »On the Road to Mandalay«, später wurde Robbie Williams' »The Road to Mandalay« ein Hit, allerdings mit einem anderen Text: Alles was ich berührte, war golden, / Alles was ich liebte, zerbrach / Auf der Straße nach Mandalay.

Die Binnenschifffahrt hat auf dem einstigen Irrawaddy eine lange Tradition. Bereits 1864 gründeten zwei schottische Reeder »The Irrawaddy Flotilla and Burmanese Steam Navigation Company«, die den umständlichen Namen schon bald in »Irrawaddy Flotilla Company«, abgekürzt I.F.C., änderte und ein Jahr danach ihren Betrieb aufnahm. Es war die von Kipling besungene »alte Flotilla«. Das Geschäft lief glänzend, immer mehr Schiffe wurden in Schottland auf Kiel gelegt, auseinandergenommen, nach Rangoon verschifft und dort wieder zusammengesetzt. 1888 verkündete der I.F.C.-Generaldirektor Frederick Kennedy auf der Aktionärsversammlung in Glasgow, wo die Gesellschaft ihren Hauptsitz hatte, stolz: »Eine solche Flussflotte ist auf der ganzen Welt einmalig«, und fügte hinzu: »Touristen, die auf unseren Dampfern reisen, sind immer wieder erstaunt, dass der Irrawaddy nicht bekannter ist. An landschaftlicher Schönheit kann nichts die Sehenswürdigkeiten zwi-

4

5

1 Das Sonnendeck der »Road to Mandalay«, die den Ayeyarwady zwischen Bagan und Mandalay befährt. **2** In den buddhistischen Klöstern des Saigang-Hügels meditieren 4000 Nonnen und 5000 Mönche. **3** bis **5** Bei Amarapura überquert die mit 1,3 Kilometern längste Teakholzbrücke der Welt einen See.

schen Rangoon und Mandalay und die Schluchten oberhalb von Mandalay übertreffen.« Daran hat sich auch im 21. Jahrhundert nichts geändert. Ende der zwanziger Jahre des letzten Jahrhunderts hatte die I.F.C. mit einer Flotte von 622 Einheiten – 267 Dampfschiffe und 355 Lastkähne – ihre Glanzzeit. Sie beschäftigte 11 000 Mitarbeiter, darunter zweihundert britische Kapitäne, Offiziere und Ingenieure, transportierte jährlich neun Millionen Passagiere und 1,5 Millionen Tonnen Fracht – Baumwolle und Reis, Buddhastatuen, Elefanten und Opium. Bis zum Zweiten Weltkrieg blieb die »Irrawaddy Flotilla Company« die größte Flussreederei der Welt. Als die Japaner 1942 in Burma einfielen, bombardierten sie die Flotte. Was von den Schiffen übrig blieb, ließ die Reederei versenken, um sie nicht den Invasoren in die Hände fallen zu lassen. Allein vor Mandalay sollen heute noch 96 Wracks liegen. Es war das Aus für die traditionsreiche Company.

Mandalay ist der nördliche Einschiffungshafen für eine 183 Kilometer lange Reise auf der luxuriösen »Road to Mandalay« nach Bagan. Hier befand sich die Residenz des letzten Burma-Königs, den die britischen Kolonisatoren 1885 mit seinen 53 Frauen, 48 Söhnen und 62 Töchtern nach Indien ins Exil schickten. Sein Palast brannte im Zweiten Weltkrieg bei Kämpfen zwischen Briten und Japanern ab. Geblieben ist ein einziges, überreich mit Schnitzereien verziertes Gebäude aus Teakholz, rekonstruiert sind der siebzig Meter breite Wassergraben und die wuchtigen, zwei Kilometer langen Schutzmauern, welche die quadratische Palastanlage umgaben. Heute ist Mandalay eine betriebsame Millionenstadt mit Hunderten buddhistischer Klöster und Tausenden kahlgeschorener Mönche in safranroten Roben.
Bei Amarapura, Burmas Hauptstadt vor Mandalay, überquert die mit 1,3 Kilometern längste Teakholzbrücke einen See. In Mingun

1 und **3** Die reich vergoldete Shwezigon-Pagode bei U Nyaung stammt aus dem 11. Jahrhundert und gehört zu den wichtigsten Heiligtümern des Landes. **2** Eine Taxifahrt im burmesischen Stil. **4** Einst standen in Bagan auf 36 Quadratkilometern 12 000 Tempel und Pagoden. Nach Erdbeben, Kriegen und Überschwemmungen sind es heute noch 2000.

hängt, 1790 gegossen, die mit neunzig Tonnen schwerste intakte Glocke der Welt. Die Zarenglocke im Moskauer Kreml wiegt zwar 120 Tonnen mehr, doch weil ein Stück abgebrochen ist, bleibt sie stumm. Nur ein paar Hundert Meter entfernt wollte um 1800 ein König die weltgrößte Pagode bauen. Nach seinem Tod war das Land bankrott, wurden die Arbeiten eingestellt. Zu sehen sind lediglich die imposanten Backsteinfundamente – fünfzig Meter hoch und 72 Meter breit.

Britische Kolonialbauten einerseits, Viertel mit Burmesen, Indern, Muslimen und Chinesen andererseits prägen das Bild von Yangon, dem früheren Rangoon. Der Verkehr ist chaotisch, ein Gewusel von Pkws, Fahrrädern, Velorikschas, Ochsengespannen, Autobussen und Mini-Bussen, auf deren Dächern ganze Menschentrauben sitzen. Wahrzeichen der Stadt und zugleich touristische Hauptattraktion ist die Shwedagon-Pagode, einer der berühmtesten buddhistischen Sakralbauten der Welt. Sie ragt, umgeben von einem Wald kleinerer Pagoden, glockenförmig und mit sechzig Tonnen Blattgold bedeckt 107 Meter in die Höhe.

Der Sagaing-Hügel am rechten Flussufer ist mit achthundert Klöstern, Tempeln und Pagoden übersät, in welchen viertausend Nonnen und fünftausend Mönche meditieren. Schräg gegenüber liegt Bagan, der Höhepunkt jeder Reise durch Myanmar. Im 13. Jahrhundert standen hier auf einer Fläche von 36 Quadratkilometern über 12 000 Tempel und Pagoden, errichtet von bauwütigen Königen. Nach Kriegen, Erdbeben und Überschwemmungen sind es heute noch gut zweitausend. Wer bei Sonnenuntergang über steile Stufen die oberste Plattform einer Pagode erklimmt, hat einen atemberaubenden Ausblick: Bis zum Horizont ragen zwischen Reisfeldern und Palmen religiöse Ziegelbauten auf, die vage an überdimensionierte, kopfstehende Eierbecher erinnern. Die untergehende Sonne taucht sie in ein knallrotes Licht, das allmählich verblasst und lila wird – eine märchenhaft-unwirkliche Stimmung!

Zeit für den Ayeyarwady

MS »Road to Mandalay«

Das Schiff wurde 1964 in Deutschland als »Nederland« gebaut, fuhr für die Köln-Düsseldorfer auf dem Rhein und war danach in Dresden das schwimmende Hotel »Elbresidenz«. 1994 kaufte Orient-Express das Schiff, ließ es umbauen und Huckepack auf einem Spezialfrachter nach Yangon transportieren. Nachdem Kunsthandwerker dem Interieur einen burmesischen Touch verliehen hatten, unternahm die »Road to Mandalay« im Januar 1996 ihre erste Kreuzfahrt auf dem Ayeyarwady. Im Mai 2008 beschädigte ein Zyklon den Kabinenkreuzer schwer, worauf er rundum erneuert wurde und im August 2009 wieder zu Kreuzfahrten auslief.

Auf der »Road to Mandalay« umsorgt eine achtzigköpfige, vorwiegend burmesische Besatzung 82 Passagiere. Vier der überdurchschnittlich großen Kabinen sind, eine Seltenheit auf Flussschiffen, Einzelkabinen. Die Küche ist exquisit, die Weinkarte erlesen, der Service aufmerksam – das Beste aus Ost und West. Das Fünf-Sterne-Schiff unternimmt fünf- bis achttägige Reisen von Mandalay nach Bagan oder umgekehrt und fährt gelegentlich auch auf der Route Mandalay–Bhamo–Bagan.

»Road to Mandalay« gehört wie die »Napoléon« auf der Rhone zum Freizeitkonzern Orient-Express Hotels, Trains & Cruises. Informationen im Internet: www.orient-express.com

Binnenkreuzfahrten auf dem Irrawaddy unternehmen neben anderen auch die Einheiten von Pandaw River Cruises (www.pandaw.com) und seit Januar 2010 der Boutique-Cruiser »Thurgau Exotic« des Schweizer Reisebüros Thurgau Travel (www.thurgautravel.ch).

Literatur zur Einstimmung

Amitav Ghosh, Der Glaspalast
W. Somerset Maugham, The Gentleman in the Parlour
George Orwell, Tage in Burma

Quelle am Himalaja in Tibet
Länge 2170 km
Schiffbar bis Bhamo im Norden Myanmars
Mündung westlich von Yangon in die Andamanensee

1

2

3

4

Drachenritt auf dem Yangtse

Durchs Riesenreich der Mitte in Chinas Zukunft

Das gewaltigste Dammprojekt der Erde und größtes Bauwerk Chinas seit der Großen Mauer – ein modernes Weltwunder?

In Tibet wird er geboren, der Yangtse(kiang). In 5600 Metern Höhe entspringt der »lange Fluss« und windet sich von West nach Ost. Dabei zerschneidet der »große Drache«, wie er in China genannt wird, mächtige Gebirgsketten. Zwischen Chongqing und dem 1350 Kilometer entfernten Wuhan bringen ihn Steilufer und Klippen zum Schäumen. Bis er schließlich durch das fruchtbare ostchinesische Tiefland gebändigt wird und behäbig dahinströmt. Insgesamt beherrscht er zwei Millionen Quadratkilometer und damit ein Fünftel Chinas. Das entspricht der fünffachen Fläche Deutschlands. Gut fünfhundert Millionen Menschen leben am Fluss, dessen Region damit dichter besiedelt ist als Deutschland. Weil die Straßenverhältnisse noch immer katastrophal sind, ist der Yangtse als Lebensader heute noch genauso wichtig wie vor Hunderten von Jahren.

Der 75 Milliarden US-Dollar teure Drei-Schluchten-Damm aus 26 Millionen Tonnen Beton oberhalb der Stadt Yichan wird der größte Staudamm der Erde sein – Ausgeburt von technischem Gigantismus. Nur Chinesen können so etwas bauen, heißt es, denn das benötigte Land könne problemlos enteignet werden. Sein Rückstau wird eine maximale Breite von hundert Kilometern und eine Länge von 660 Kilometern (Entfernung München–Berlin) erreichen. Bis zu 10 000 BRZ große Seeschiffe werden die fünf Schleusenkammern – kleinere können auch das Schiffshebewerk benutzen – in zwei Stunden passieren. Schon heute dampfen große Schleppzüge, Küstenfrachter, Containerschiffe, Autotransporter und Fähren fast dreitausend Kilometer ins Landesinnere. Nicht nur die vier Tage stromaufwärts gelegene boomende Industriestadt Chongqing – mit 32 Millionen Einwohnern und rund vierhundert Kilometern Durchmesser die größte Stadt der Welt! – profitiert von dieser Verkehrsader. Der in Europa geprägte Grundsatz »from road to sea« wird hier mustergültig umgesetzt. Chinas Wirtschaftswunder vollzieht sich am Yangtse. Die ultimative Katastrophe für das Gebiet, finden Naturschützer und Klimaforscher – die ultimative Lösung aller Probleme, findet die chinesische Regierung. Der Wasser-Highway verbindet dann die wichtigsten Industrie- und Handelsregionen im Riesenreich der 1,3 Milliarden Menschen. Die

1 Kinder auf dem Arbeiterdenkmal in Wuhan. **2** Das Museum von Wuhan stellt einmalige Kulturschätze aus. **3** Familie auf ihrer schwimmenden Hütte. **4** Tragflächenboot unterwegs im Qutangxia-Tal.

1

2

werden versorgt mit Strom, Konsumgütern und Fortschritt. Verhindern konnte das Projekt ohnehin niemand. Für China ist es ein weiterer großer Sprung nach vorn. Mit dem Gelingen des Projekts steht und fällt aber auch das Prestige der Kommunistischen Partei. Ihr Vorteil: Sie kann alles – ohne langwierige Prozesse wie hierzulande – nach ihren Vorstellungen durchsetzen. »denn«, so eine chinesische Weisheit, »wem das Wasser gehört, dem gehört China«.
Doch wo viel Licht ist, sind auch Schattenseiten. 30 000 Hektar Ackerland werden überschwemmt, und rund 1,8 Millionen Menschen – so viel wie Hamburg Einwohner hat – müssen ihre Wohnungen verlassen und bekommen dafür viertausend Euro Entschädigung. Jetzt werden sie umgesiedelt in moderne Neubauten mit viel Komfort, die über den verlassenen Siedlungen – dreizehn Städte und 1500 Ortschaften – entlang des braunen Flusses wie Pilze aus dem Boden schießen. Bis dahin wurde die Region alle zehn Jahre von Überflutungen heimgesucht mit jeweils Tausenden von Toten. Mittlerweile hat der Pegel einen Wasserstand von rund 155 Metern über dem Meeresspiegel erreicht und soll dieses Niveau bis 2006 halten. Dann steigt er noch einmal um weitere zwanzig Meter. Für den Kreuzfahrtpassagier wird sich die Reise nicht wesentlich ändern, der Schifffahrt bleiben jedoch tückische Stromschnellen und Wasserstandsschwankungen erspart. Die drei Schluchten werden, auch wenn sie dann breiter sind, kaum etwas von ihrem touristischen Reiz verlieren: Qutang, Wushan und Wu. Eine Kreuzfahrt auf dem Yangtse bietet noch immer Traumkulissen mit bizarr geformten Gebirgen, fjordartigen Schluchten, dichter Vegetation und abweisenden Ufern.
Zweieinhalb Flugstunden von Peking entfernt, in Chongqing, geht es an Bord der »Century Star«. Der 2003 gebaute Flussliner ist der erste der Viking-River-Cruises-Flotte, der im Reich der Mitte auf Kreuzfahrt gegangen ist – und neben dem Neubau »Century Sky« das zweite Fünf-Sterne-Schiff. Auch hier möchte der Marktführer auf den Wasserstraßen Europas expandieren, seine fernöstliche Flotte auf zehn Schiffe erweitern und mehr als sechstausend Passagiere jährlich ins ferne China locken.
Ausflugshöhepunkt: der sechsstündige Bootsausflug in die fjordähnliche Emerald-Schlucht des Daning-Flusses. Mit einem Sampan knattern wir vorbei an bis zu tausend Meter steil aufragenden Felswänden, die überwuchert sind von Bambus, Tungöl-Bäumen, chinesischen Weiden, Eschen und Ahorn. Unzählige Vogelstimmen begleiten die Kavalkade. Stumpfnasen- und Rhesusaffen hüpfen von Ast zu Ast. An den Felswänden klebt eine Pagode, die per Fußmarsch angesteuert wird. Das neue China erlebt der Reisende bei Begegnungen am Rande des Sightseeing-Katalogs. In Gesprächen

3

4

mit den Menschen. Auch über das Staudamm-Projekt. Ja, der Damm sei nützlich, denn er rettet Leben und verhindert Überschwemmungen. Vielen gehe es besser. Von den rund 1,3 Millionen Menschen, die in die neuen Städte umgesiedelt wurden, gehe es jedoch nicht allen gut. Wie man an den bettelarmen Souvenirverkäufern unschwer erkennen kann. Sie wurden mit nur geringen Entschädigungen abgespeist.

Viking River Cruises engagiert sich im Land: In Zusammenarbeit mit dem Ministerium für Tourismus soll ein historisches Gebäude vor den steigenden Fluten gerettet werden. Auch der Neubau der Grundschule von Jingzhou im benachteiligten ländlichen China wurde bereits großzügig finanziell unterstützt. Der Besuch dieser Schule ist ein Muss für jeden Passagier. Geplant sind zudem Umweltschutzaktivitäten zur Rettung der bedrohten Flora und Fauna. Endpunkt unserer Reise auf dem »Großen Drachen« ist die 8,5-Millionen-Metropole Wuhan. Hier durchschwamm Mao Tse Tung 1956 den damals noch sauberen Fluss. Im einstündigen Luftsprung düsen wir nach Shanghai, dem Wachstumswunder mit seinen mehr als vierzehn Millionen Einwohnern. 1,5 Millionen Bauarbeiter schuften täglich auf mehr als 20 000 Großbaustellen. Scheinbar im Sekundentakt werden alte Stadtviertel eingestampft, um neuen, noch größeren und fantasievolleren Wolkenkratzern

1 Steile Treppen am Flussufer führen hinauf in eine neue Stadt. **2** Senkrechte Felswände der Emerald-Schlucht beschleunigen das Wasser. **3** Immer noch romantisch: eine Drei-Schluchten-Fahrt. **4** Bootsausflug auf dem Daning-Fluss.

Platz zu machen. Chinas heimliche Hauptstadt, der pulsierende »Drachenkopf«, frisst sich weiter durch das Mündungsdelta des Yangtsekiang, der sich als längster Strom Asiens und drittgrößter der Welt rund sechstausend Kilometer quer durch das Reich der Mitte schlängelt, gespeist von siebenhundert Nebenflüssen. Vom 468 Meter hohen Oriental-Pearl-Fernsehturm ist der nächtliche Blick auf das Lichtermeer der Weltmetropole atemberaubend.

Reiseablauf

1. Tag: Shanghai

Begrüßung am Flughafen, Hotel-Check-in und Zeit zur freien Verfügung. Falls man das Anreisepaket oder den Transfer vom Flughafen zum Hotel gebucht hat, ist dieser inbegriffen und beinhaltet eine Fahrt mit dem Transrapid.

2. Tag: Schanghai

Vormittags Rundfahrt durch Chinas größtes Handels- und Wirt-

1 Shanghais staunende Besucher vor dem neuen Zentrum der Metropole. **2** Keine Seltenheit: Buddhistische Mönche. **3** Yangtse-Staudämme liefern Energie und erleichtern die Schifffahrt. **4** Eine von vielen Brücken über den Yangtse.

schaftszentrum. Nach dem Mittagessen besucht man das berühmte Shanghai-Museum mit seiner 120 000 Exponate umfassenden Sammlung altchinesischer Kunst, ehe am Abend eine faszinierende Vorstellung chinesischer Akrobatik geboten wird.

3. Tag: Shanghai – Wuhan

Nach dem Hotel-Check-out besichtigt man am Vormittag eine Seidenteppichwerkstatt, in der kostbare Teppiche von Hand geknüpft werden. Nach dem Mittagessen fliegt man nach Wuhan, wo das Hubei-Museum besucht wird. Zu seinen vielen Prunkstücken zählen die einzigartige Sammlung antiker Glocken und Glockenspiele sowie sechzehn sogenannte Nationalschätze. Anschließend Transfer zur Einschiffung unweit des Zusammenflusses von Han und Yangtse. Noch am Abend beginnt die Yangtse-Kreuzfahrt.

4. Tag: Yueyang

Um gerade auch in China soziale Verantwortung zu zeigen, hat die Reederei in einem Vorort von Yueyang den Bau einer Grundschule, der Viking Hope School, mitfinanziert. Während des Landgangs am Morgen kann man sich auf einen besonders herzlichen Empfang durch die Schüler und Lehrer freuen. Zurück an Bord, beginnt eine beeindruckende Panoramakreuzfahrt durch schroffe Felslandschaften, die der Fluss in Jahrmillionen aus dem porösen Kalkstein gewaschen hat.

5. Tag: Drei-Schluchten-Damm – Xiling-Schlucht

Der heutige Tag steht im Zeichen von Natur auf der einen und

technischer Meisterleistung auf der anderen Seite. Erster Höhepunkt ist die Passage der Xiling-Schlucht. Sie ist die längste und tiefste der sich über zweihundert Kilometer erstreckenden Großen Drei Schluchten und wird von mächtigen, bis 1300 Meter hohen Steilfelsen beherrscht. Am frühen Nachmittag Aufbruch zur Besichtigung des Drei-Schluchten-Damms. Bei einer Führung erfährt man viel Wissenswertes über das derzeit größte wasser- und energiewirtschaftliche Projekt der Welt. Nach der Rückkehr an Bord wird man dann Zeuge, wie das Schiff die gigantische fünfstufige Schleusentreppe passiert und dabei einen Höhenunterschied von gut 110 Metern überwindet.

6. Tag: Drei Schluchten

Den fulminanten Auftakt der heutigen Panoramafahrt markiert die märchenhaft schöne Wu-Schlucht, die einer uralten Legende nach von Hexen bewohnt ist und von zwölf bis zu tausend Meter hohen Gipfeln gesäumt wird. Später am Vormittag erkundet man per Ausflugsboot die Kleinen Drei Schluchten des Daning-Flusses, eine Bilderbuchwelt mit üppiger subtropischer Vegetation. Nachdem man mittags auf den Yangtse zurückgekehrt ist, passiert das Schiff die imposante Qutang- oder Blasebalg-Schlucht, in der sich der Strom bei rasant wachsender Fließgeschwindigkeit noch einmal spürbar verengt.

7. Tag: Shibaozhai

Ziel des vormittäglichen Ausflugs ist der im 18. Jahrhundert erbaute Shibaozhai-Tempel, die »Edelstein-Festung«. In zwölf Stufen wächst die rote Felspagode, die vor dem gestiegenen Wasserpegel des Yangtse gerettet wurde, entlang eines Steilfelsens in den Himmel; von ihrer Spitze bietet sich ein herrlicher Blick über den Fluss und seine Ufer.

8. Tag: Tag: Chongqing und Xian

In der Millionenmetropole Chongqing, der größten Stadt Westchinas, steht nach der Ausschiffung am Morgen ein Besuch des renommierten Zoos auf dem Programm. Hier kann man nicht zuletzt den nur in China vorkommenden Großen Panda bewundern.

Danach Flug nach Xian, das während der Tang-Dynastie (618–907) zu den größten und reichsten Hauptstädten der Welt zählte. Nach dem Einchecken im Hotel isst man entweder dort zu Abend oder nimmt fakultativ an der Tang-Dynastie-Dinnershow teil. Während des Essens lässt man sich von den traditionellen Gesängen und Tänzen, dargeboten in den prächtigen Kostümen des alten Chinas, verzaubern.

9. Tag: Xian und Peking

Qin Shi Huangdi, der »erste gottgleiche Herrscher«, ließ sich vor

1 Blick in das Restaurant eines großen Flusskreuzfahrtschiffes. 2 Lokale Folklore wird zur Gästeunterhaltung an Bord vorgeführt. 3 Freundliche Begrüßung der Gäste durch die Besatzung.

rund 2200 Jahren mit einer aus Ton gearbeiteten Armee beisetzen. 1974 stießen Bauern beim Graben eines Brunnens zufällig auf einige der »ewigen« Soldaten – und sorgten so für die größte archäologische Sensation im Reich der Mitte. Inzwischen konnten mehr als tausend der insgesamt über siebentausend Fußsoldaten und Kavalleristen, Pferde und Kriegswagen der Terrakotta-Armee freigelegt werden, versehen mit Rangabzeichen und individuellen Gesichtszügen. Diesen einmaligen Fund kann man beim morgendlichen Gang durch die weitläufige Grabungsstätte bewundern, bevor man nachmittags von Xian nach Peking fliegt. Der Abend steht zur freien Verfügung.

10. Tag: Peking

Das heutige Ausflugsprogramm ist den wichtigsten Sehenswürdigkeiten außerhalb Pekings gewidmet. Erstes Ziel am Vormittag ist die Chinesische Mauer. Der Abschnitt in den Badaling-Bergen nordwestlich der Hauptstadt ist vorbildlich restauriert und bietet einige der spektakulärsten Ansichten des gewaltigen, gut 6350 Kilometer langen Bauwerks. Nach dem Mittagessen besucht man die Grabanlage der Ming-Kaiser rund fünfzig Kilometer nordöstlich von Peking, in der dreizehn der insgesamt sechzehn Kaiser dieser Dynastie ihre letzte Ruhe fanden. Glanzstück ist der Heilige Weg oder Seelen-Weg, der unter anderem von wunderschönen Löwen-, Elefanten und Kamelskulpturen gesäumt wird und als großzügig angelegte Allee geradewegs auf die Ming-Gräber zuführt.

11. Tag: Peking

Heute steht Peking mit seinen Hauptsehenswürdigkeiten auf dem Programm. Gleich früh der riesige Tiananmen-Platz, der »Platz des Himmlischen Friedens«, der das symbolische Zentrum Chinas bildet. An seiner Nordseite gibt das von einem überlebensgroßen Mao-Porträt beherrschte »Tor des Himmlischen Friedens« den Weg zur Verbotenen Stadt frei, in der 24 Kaiser als »Himmelssöhne« residierten. Bewundernswert ist auf dem Rundgang die Fülle an Toren, Hallen, Pavillons und Gärten, die sich auf eine Fläche von rund siebzig Hektar verteilen und eine der imposantesten Palastanlagen der Welt bilden. Nachmittags besucht man den prächtigen Sommerpalast, einen 2,8 Quadratkilometer großen, von Gewässern durchzogenen Park, der als Meisterwerk chinesischer Gartenkunst gilt. Ein Spaziergang erschließt die raffiniert inszenierte Idylle dieses Refugiums, zu dessen Höhepunkten der »Lange Wandelgang« gehört. Er erstreckt sich über 728 Meter entlang des Kunming-Sees und ist mit mehr als achttausend Landschafts-, Vogel- und Blumenbildern geschmückt. Für den letzten Abend wird die Teilnahme an unserem fakultativ angebotenen Peking-Enten-Dinner samt anschließendem Besuch einer Vorführung der Peking-Oper empfohlen. Natürlich kann man auch im Hotel zu Abend essen.

12. Tag: Peking

Morgens Hotel-Check-out, Transfer zum Flughafen.

1

2

Zeit für den Yangtse

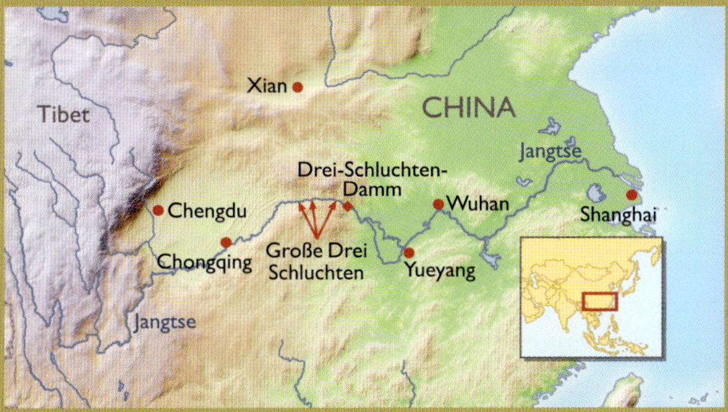

MS »Century Sun«

Länge: 126,5 m
Breite: 17 m
Passagiere: 306
Crew: 153
Bordsprache: Deutsch, Englisch
Kabinenzahl: 153
Kabinenausstattung: elegant-komfortabel, ausgestattet mit Dusche/WC,Klimaanlage, Telefon, TV, Balkon, Safe, Föhn.
Schiffseinrichtungen: Lobby mit Rezeption, Panorama-Restaurant, Cafeteria, Aussichtssalon mit Bar, Lounge, Sonnendeck mit Panorama-Bar, Business-Center, Konferenzraum, Fitnessbereich mit Sauna, Massage und Kosmetiksalon, Bordarzt und Bordshop, 2 Lifte, Wäscherei.

Veranstalter

Viking, Nicko, Premicon/Transocean

Beste Reisezeit März bis Dezember

Literatur zur Einstimmung

Tor Farovik, Jangtse – Strom des Lebens. Eine Reise von Shanghai ins tibetische Hochland
Marita und Uwe Oppermann, China: Yangtse-Kreuzfahrt mit Ausflügen nach Shanghai und Peking (CRUISE – Kreuzfahrt-Handbuch)
Simon Winchester, Der wilde Strom. Eine Reise auf dem Yangtse

Quelle im Kunlun Shan (Nordosten des Hochlandes von Tibet)
Länge rund 6000 km
Schiffbar bis Chongqing
Mündung bei Shanghai mit zwei Armen

1

2

3

4

Raddampfer-Cruise auf dem Murray

Australiens längster Fluss

»Mighty Murray« nennen ihn die Australier. So mächtig ist er nicht mehr dieser Tage, auch wenn die Zahlen den majestätischen Titel stützen – Australiens längster Fluss.

2375 Kilometer misst er, nicht gerechnet die Hunderte kilometerlangen Nebenflüsse, allen voran der Darling River, der viertlängste im Land. Aber die langen Dürrejahre, unter denen der Kontinent leidet, haben die Flüsse zumindest am Oberlauf vielfach zu Rinnsalen werden lassen. Bewässerungssysteme der Farmer und Verschmutzung sind zusätzliche Probleme.

In Mannum merkt man als Ortsfremder davon nichts, der Murray fließt breit und behäbig in Richtung Ozean. Die südaustralische Kleinstadt lebt zum guten Teil vom Fluss. Nicht mehr so gut wie im 19. und frühen 20. Jahrhundert, als hier noch viele der Raddampfer gebaut wurden, die damals stromauf und stromab unterwegs waren. Mindestens dreißig Raddampfer und zahllose flache Kähne transportierten Waren und Passagiere bis hinauf nach Echuca, einst der zweitgrößte Hafen des Bundesstaates Victoria. Das endete zwar mit den ersten Eisenbahngleisen, doch einige der kleineren Schiffe sind als Museumsdampfer noch immer unterwegs.

Etwa der 1897 gebaute PS »Marion« des Dock of River Museums in Mannum, in dem das historische Rüstzeug für den nostalgischen Sieben-Nächte-Törn auf der PS »Murray Princess« wartet. Das größte Schiff auf dem Fluss ist jüngeren Datums – es lief 1986 vom Stapel. Der Auftrag für die Reederei lautete seinerzeit: Ein luxuriöser Flusskreuzer mit Kabinen für 120 Passagiere. Und mit dem Antrieb, den auch die großen Mississippi-Steamer benutzten: ein gewaltiges Paddelrad quer zum Heck. Seither ist die Murray-Prinzessin unterwegs auf »ihrem« Fluss, nach einem Besitzerwechsel unter der Flagge von Captain Cook Cruises.

Gar nicht prinzessinenhaftzart dröhnt das Schiffhorn – es geht stromab zum ersten Etappenziel, Mundarra. Im Flutlicht sind am abenddunklen Ufer Kängurus zu erkennen. Die Wombats, die hier auch gelegentlich aktiv sein sollen, bleiben aber im Busch. Noch ein Glas südaustralischen Shiraz an der Bar, dann wartet die Kabine: Auf den beiden oberen Decks haben sie Fenster und Türen hinaus zur schmalen Promenade rings um das Schiff, im Unterdeck gewähren nur Bullaugen einen Blick hinaus. Toilette

1 Der Aborigine-Führer Richard Hunter informiert die Flusskreuzfahrer über seinen Clan. **2** Kabine auf der »Murray Princess«. **3** Pelikane sind ständige Wegbegleiter. **4** Mit 120 Passagieren an Bord gemächlich durch Australien.

1

2

3

und Dusche hat jede Kabine. Alles ordentlich, doch Luxus sollte man hinter den Kabinentüren nicht erwarten. Stattlicher sind da schon das Restaurant wie auch die beiden Bars und Lounges.
Murray Bridge, mit rund 15 000 Bürgern die größte Stadt am Unterlauf der Stroms, lädt am nächsten Tag zum Landgang ein. Das Captain's Cottage Museum informiert über die erste Brücke, die 1879 den Murray überspannte. Dann schiebt sich die »Murray Princess« wieder nordwärts, passiert ihren Heimathafen Mannum und macht zur zweiten Nacht fest in Craignook.
Tag drei bietet zwei Höhepunkte: die bis zu neunzig Meter hohen Klippen, durch die sich der Murray windet, und eine Tour in kleinen Booten über Lagunen und Nebenarme mit reicher Wasservogelwelt. An Bord haben die Köche inzwischen das Captain's Dinner gerichtet. Für alle, die am nächsten Morgen in Mannum aussteigen, ist es zugleich das Farewell-Dinner. Die »Durchfahrer« treffen sich zur Bustour ins Barossa Valley, Australiens traditionsreichem Weinbaugebiet.
Am Nachmittag legt die Prinzessin wieder ab: Kurs Nord. Die Gäste für die Vier-Nächte-Tour haben sich in ihren Kabinen eingerichtet. Unser Ziel hat den hübschen Namen Piggy Flat, Schweinchen-Ebene. Wie fast immer begleiten uns Pelikane, knapp über der Wasserfläche schwebend. Ein paar schwarze Schwäne gleiten scheinbar bewegungslos vorbei.
Tag fünf verheißt eine Weingut-Visite: Mit ein paar Tropfen im Blut lässt sich auch die abendliche »Fancy Dress Party« besser überstehen. Die Einheimischen haben Kostüme im Koffer, die anderen behelfen sich mit dem bordeigenen Leih-Fundus.
Am nächsten Tag schaufelt das große Rad am Heck das Schiff noch ein Stück stromauf bis Swan Reach, dem nördlichsten Punkt des Törns. Stromab liegt Sunnydale, wo nachmittags alle ein Refugium für bedrohte Tierarten und eine der in Australien beliebten Woolshed Shows mit Schafscheren und ländlicher Folklore besuchen. Typisch australisch ist auch das abendliche Barbecue am Strand – jetzt wissen alle, dass es im Landesslang »Barbie« heißt.
Tag sieben: Der Kapitän steuert seine Princess wieder an den Klippen entlang, die in der Sonne leuchten. Der Stopp am Ngaut Ngaut Aboriginal Reserve erlaubt eine kurze Wanderung zu historischen Felsmalereien der Ureinwohner. Younghusband, übersetzt: Junger Bräutigam, heißt der Platz, an dem die Matrosen festmachen für die letzte Nacht an Bord, während im Restaurant das große Abschiedsbuffet aufgebaut wird. Morgen früh geht der 320-Kilometer-Törn in Mannum zu Ende.

1 »Nature Walks« unter Führung eines Rangers gehören zum abwechslungsreichen Landprogramm. **2** Kein schwarzes Schaf, aber ein Lama hat sich unter die Schafsherde gemischt. **3** Einer der Höhepunkte jeder Murray-Fahrt sind die Klippen am Big Bend. **4** Das Restaurant ist schmuck eingedeckt.

Zeit für den Murray

PS »Murray Princess«

PS steht zwar für Paddlesteamer, doch statt einer Dampfmaschine treibt ein Dieselaggregat das Paddelrad des 1986 erbauten Schiffs an. Die sechzig Doppelkabinen – einige haben ein drittes Bett – verteilen sich über drei der insgesamt fünf Decks. Die Kabinen sind etwa zwölf Quadratmeter groß. Das Oberdeck dient als Sonnendeck. Im Passagepreis sind Bustransfers von und nach Adelaide oder ein Parkplatz in Mannum, Vollpension und die meisten Ausflüge enthalten. Trinkgeld ist in Australien weniger üblich, amerikanische Passagiere geben aber immer »Tips«. Bordsprache ist Englisch. Weitere Informationen im Internet: www.captaincook.com.au, Buchungen in vielen Reisebüros.

Veranstalter

Captain Cook Cruises ist in Sydney ansässig und dort der Marktführer für Hafenrundfahrten. Darunter sind auch Zwei-Nächte-Touren auf einem Kreuzfahrtschiff, das mehrere Ziele in der großen Hafenbucht (260 km Küstenlinie) ansteuert. Im westaustralischen Perth bietet die Reederei Ausflugsfahrten auf dem Swan River an. Hochseekreuzfahrten veranstaltet das Unternehmen am nördlichen Great Barrier Reef und in Fiji.

Literatur zur Einstimmung

Bruce Chatwin, Traumpfade (The Songlines). Roman. 1987. Fischer, Frankfurt am Main 1998
Shane Strudwick, Murray River & Mallee (Bildband)
Paul Sinclair, The Murray. A River and its People
Jessica K. Weir, Murray River Country: An Ecological Dialogue with Traditional Owners (Aborigines-Studien)

Quelle Forrest Hill in den Australischen Alpen
Länge 2375 km durch die Bundesstaaten New South Wales, Victoria und South Australia
Schiffbar unterschiedlich je nach Wasserstand, in der Regel bis Swan Reach
Mündung bei Goolwa in den Southern Ocean

Die zehn längsten Flüsse der Welt

Nil	6671 Kilometer
Amazonas	6518 Kilometer
Jangtsekiang	6000 Kilometer
Mississippi (mit Missouri)	5970 Kilometer
Ob (mit Irtysch)	5410 Kilometer
Hwangho	4845 Kilometer
Mekong	4500 Kilometer
Amur (mit Argun)	4440 Kilometer
Lena	4400 Kilometer
Kongo	4374 Kilometer

* Angaben nach Brockhaus Enzyklopädie, Band 9, S. 425, 21. Auflage, Leipzig/Mannheim 2006. Abweichende Angaben zum Beispiel bei Wikipedia resultieren aus der unterschiedlichen Einbeziehung weiterer Flussläufe in die Gesamtlänge. Neue Berechnungen des Amazonas anhand von Satellitenaufnahmen deuten darauf hin, dass dieser der längste Fluss der Welt ist.

1

Maritime Fachbegriffe

Achtern hinten
Ankerspill Winde auf dem Vorschiff (der Back) zum Herablassen und Aufholen des Ankers
Auf den Haken nehmen ein anderes Schiff abschleppen
Außenbords außerhalb des Schiffes (im Wasser)

1 Tropische Wolken über dem Amazonas.
2 Die »Serenité« unterwegs auf dem Neckar.

Back Deck des Vorschiffs
Backbord linke Seite eines Schiffes in Fahrtrichtung gesehen (nachts: rote Lampe)
Bake Zeichen an Land (in Bugrichtung) zur Markierung des Übergangs eines Fahrwassers von Ufer zu Ufer
Bilge Raum im untersten Teil eines Schiffes, wo sich Wasser und Öl sammeln
Brücke Kurzform für Kommandobrücke
Brückennock äußerstes seitliches Ende der Brücke (Backbord-, Steuerbordnock)
Bunkern Übernahme von Treibstoff oder Wasser
Fieren etwas herablassen oder das Nachgeben einer Leine
Flaute Windstille
Fluten voll Wasser laufen lassen (Ballast)
Heck hinterer Teil eines Schiffes
Hieven hochziehen
Kiellinie genaues Hintereinanderfahren mehrerer Schiffe
Klüse seitliche runde Öffnung in der Bordwand, durch die Festmacherleinen geführt werden
Kimm Horizont
Krängung (mit »g« in der Mitte): seitliche Neigung eines Schiffes
Laschen etwas see- und verrutschungsfest machen
Lee, Leeseite dem Wind abgewandte Seite
Lenzen etwas leeren (von »lenz«, leer)
Lotsenleiter Seeleiter zum an Bordgehen des Lotsen
Lukensüll Rand einer Ladeluke
Luv, Luvseite dem Wind zugewandte Seite
Nautik Schifffahrtskunde
Peilen Richtung bestimmen oder den Füllstand eines Behälters feststellen
Pier (die Pier) Anlegestelle, Kaimauer
Poller zylindrischer Einfach- oder Doppelpfosten aus Eisen zum Festmachen von Trossen
Reling Brustwehr, die wie ein Zaun um das Schiff verläuft
Rollen die seitliche Bewegung eines Schiffes um die Längsachse
Schäkel eiserner U-förmiger Bügel mit Gewindebolzen zum Verbinden von Leinen und Ketten
Schanzkleid feste Bordwandverlängerung um ein freies Deck
Schiffshebewerk Lift für Schiffe zum Überwinden von großen Höhenunterschieden im Gelände
Schlingern wenn sich ein Schiff sowohl um die Längs- als auch um die Querachse bewegt
Schott wasserdichte Trennwand in einem Schiff
Schubverband starre Formation von antriebslosen Schubbehältern, die von einem Schubschiff geschoben werden. Vorteile: größere Abmessungen als reine Motorschiffe, mehr Ladung, weniger Personal, höhere Flexibilität
Spant Querversteifung, hält die Außenhaut eines Schiffes zusammen
Spill Winde zum Hieven von Leinen
Stampfen Schiffsbewegung in der Horizontalen, wenn sich also das Schiff in der Längsrichtung auf und nieder bewegt
Steuerbord rechte Seite des Schiffes in Fahrtrichtung gesehen (nachts: grüne Lampe)
Steven die Linie, in der die Bordwände achtern und vorn zusammenkommen
Trimmen das Schiff durch Umpumpen von Ballastwasser oder Gewichtsverteilung (Ladung) in eine gewünschte Lage bringen
Törnen etwas drehen
Trosse starkes Tau
Typhon mit Druckluft betriebenes Schallsignalgerät
Verholen Bewegen des Schiffes von einem Liegeplatz zum anderen
Vorpiek Raum im Vorschiff
Wahrschauen jemanden warnen, Ausguck halten

Die häufigsten nautischen Fragen

»Es gibt keine dummen Fragen – höchstens dumme Antworten.«

»Navigation ist, wenn man trotzdem ankommt.«
(Seemannsweisheit)

Wie misst man die Wellenhöhe?
Die Wellenhöhe kann nur von wenigen Spezialschiffen gemessen werden. Die Angaben über die Höhe von Windsee und Dünung auf Kreuzfahrtschiffen oder Frachtschiffen sind Schätzungen der Nautiker – die Genauigkeit hängt im Wesentlichen von Erfahrung und Augenmaß ab.

Was bedeutet der schwarze Ball am Vormast?
Es handelt sich um den Ankerball, einen Signalkörper von sechzig Zentimeter Durchmesser. Dieser Ankerball zeigt an, dass das Schiff vor Anker liegt und folglich anderen Fahrzeugen nicht ausweichen kann.

Kann man mit dem Echolot nach vorn »sehen«?
Die herkömmlichen Echolote bestehen aus Sender und Empfänger unter dem Bug des Schiffes. Die Abstrahlung der elektromagnetischen Wellen geschieht nahezu senkrecht Richtung Meeresboden, sodass nur die Wassertiefe unter dem Schiff dargestellt wird.

Wer »steuert« das Schiff, wenn der Kapitän auf einer Cocktailparty ist?
Die Steuerleute lösen sich im Vier- bis Sechs-Stunden-Takt ab; während ihrer Wache sind sie für die sichere Schiffsführung voll verantwortlich. Der Kapitän übernimmt normalerweise nur in besonderen Fällen das Kommando auf der Brücke – so beim Ein- und Auslaufen oder bei schwierigen Manövern. Wenn der Kapitän gesellschaftliche Verpflichtungen wahrnimmt, herrscht auf der Brücke also Routine. Der Kapitän kann sich auch vertreten lassen.

Wie weit ist der Horizont entfernt?
Die Entfernung des Horizontes ist abhängig von der Augenhöhe des Betrachters, das heißt der Höhe seines Standortes über dem Wasser. Bei einer Augenhöhe von zwölf Metern – wie auf der Brücke der »Hanseatic« – ist der Horizont 7,3 Seemeilen entfernt, bei einer Augenhöhe von zwanzig Metern 9,4 Seemeilen.

Was ist eine Seemeile?
Eine Seemeile ist der 60. Teil eines Breitengrades oder der 21600. Teil des Erdumfanges und entspricht 1852 Metern. Die Seemeile ist unterteilt in zehn Kabellängen zu je 185 Meter.

Wie lang ist die Ankerkette?
Die Ankerkette ist üblicherweise rund dreihundert Meter lang. Sie ist unterteilt in zehn Schäkel von jeweils rund dreißig Metern Länge. Damit kann in Wassertiefen bis zu hundert Metern geankert werden, da die ausgesteckte Ankerkette etwa der dreifachen Wassertiefe entsprechen soll.

Was bedeuten die goldenen Ärmelstreifen der nautischen Offiziere?
Ein Streifen: Er kann lesen.
Zwei Streifen: Er kann lesen und schreiben.
Drei Streifen: Er kann lesen, schreiben und rechnen.
Vier Streifen: Er kennt jemanden, der lesen, schreiben und rechnen kann.

2

Gibt es weibliche Kapitäne?
Auch Frauen stehen heutzutage auf der Brücke von Seeschiffen als Wachoffiziere und Kapitäne ihren »Mann« – ihr Anteil ist jedoch sehr gering. Die korrekte Anrede ist »Frau Kapitän«.

Kann das Schiff umkippen, wenn alle Passagiere auf einer Seite zusammenlaufen?
Alle Personen an Bord – Passagiere plus Crew – bringen samt Gepäck »nur« ein Gewicht von rund vierzig Tonnen auf die Waage, was nur ein kleiner Teil der Gesamttragfähigkeit des Schiffes von 1100 Tonnen ist. Wenn alle Passagiere auf einer Schiffsseite versammelt sind, würde das lediglich eine Krängung von einem Grad verursachen.

Wie hoch sind die Hafenkosten für ein Schiff?
Diese Frage ist schwer zu beantworten, da sich die Kosten von Hafen zu Hafen stark unterscheiden. Große und bekannte Häfen sind oft teurer. Die Hafenkosten setzen sich zusammen aus: Liegegebühren, Lotsen – falls notwendig –, Frischwasser, behördliche Abfertigung und Dienste der örtlichen Agentur.

Darf ein Kapitän Trauungen vornehmen?
Die Schiffe unterliegen dem Recht des jeweiligen Flaggenstaates. Sollten Brautpaare es wünschen, wird vom Kapitän an Bord eine kleine – allerdings unverbindliche – Hochzeitszeremonie durchgeführt.

Welche Bedeutung haben die Flaggen des Schiffes?
Früher dienten die Flaggen zur Übermittlung von Informationen – im Zeitalter des Sprechfunks werden sie weitgehend aus Tradition und Höflichkeit gesetzt. Man unterscheidet Heimatlandflagge, Gastlandflaggen, Reedereiflaggen, Chartererflaggen und Signalflaggen. Die Flaggen werden am vorderen Signalmast (Gaffel) oder achtern (am Stock) gesetzt.

Was bedeuten die Abkürzungen vor dem Schiffsnamen?
Zur Unterscheidung der Schiffe hinsichtlich ihrer Antriebsart werden Abkürzungen verwendet, die dem Schiffsnamen vorangestellt werden. So steht »MS« für Motorschiff. Das Kürzel ist allerdings nicht Bestandteil des Namens. Also: die »Nautilus«, aber das MS »Nautilus« oder einfach MS »Nautilus«.

Wie werden Schiffszusammenstöße verhindert?
Ähnlich wie im Straßenverkehr gibt es »Vorfahrtsbestimmungen«, die das Ausweichen der Schiffe regeln. Auch auf Flüssen, Kanälen und Seen gilt generell: Rechts hat Vorfahrt.

Register

Namensregister

Sachregister

Impressum

Der Autor
Kurt Ulrich ist als Reisejournalist seit 30 Jahren fotografierend und schreibend unterwegs. Seine Bildreportagen erscheinen in Zeitungen und Zeitschriften. Er hat zahlreiche Bücher veröffentlicht. Die sieben Meere und die Flüsse der Welt, die Ozeanriesen und Flusskreuzfahrtschiffe sind zu seiner zweiten Heimat geworden. Im Bruckmann Verlag veröffentlichte er bereits den Band Zeit für Kreuzfahrten. Lebt bei Zürich.

Der Autor
Dr. Peer Schmidt-Walther wurde, 1944 im Wartheland geboren und fährt seit seinem 16. Lebensjahr zur See, fuhr auf Handelsschiffen und diente bei der Marine, weil er unbedingt auf der »Gorch Fock« (II) fahren wollte. Der Kapitänleutnant der Reserve war Presseoffizier, Bootsmann und Schiffsführer. Heute publiziert er als freier Journalist für Buchverlage und das Fernsehen. Er lebt in Stralsund

Einbandfotos:
Vorderseite: Schaufelraddampfer auf dem Mississippi, Festdinner an Bord, auf dem Amazonas (oben, von l. nach r.), Pool an Deck der »Road to Mandalay« auf dem Ayeyawaddi (großes Bild).
Rückseite: Die Donau bei Kloster Melk, Österreich, Service auf der »Saxonia« , Ausflugsboote auf dem Nil (von l. nach r.)

Textnachweis:
Kurt Ulrich verfasste die Einführung sowie dieTexte zu folgenden Flüssen: Donau, Rhein, Mosel, Neckar, Moldau, Wolga, Jenissej, Seine, Rhone, Saône, Po, Brenta, Douro, Guadalquivir, Amazonas, Mississippi, Mekong, Ayeyarwady.

Dr. Peer Schmidt-Walther verfasste die Texte: Elbe, Havel und Oder, Masuren, Nil, Jangtse sowie die Kapitel über maritime Fachbegriffe und die häufigsten nautischen Fragen.

Klaus Viedebantt, Frankfurt am Main, verfasste den Text zum Murray River (S. 180-183).

Bildnachweis:
Captain Cook Cruises, Sydney: Seite 1, 180/2; Rainer Hackenberg, Köln: Das Kapitel über den Nil (S. 130–137) sowie 10/11 M.; Florian Heine, München: Seite 100; Bildagentur Huber, Garmisch-Partenkirchen: Seite 12/13, 16 l. (2), 40/41, 58/59, 90/91; Olaf Meinhardt, Röttgesbüttel: Seite 80/81; Pavel Nyvlt: S. 48/49; Picture-Alliance, dpa, Frankfurt am Main: Seite 79 oben, 79 unten, 84/85, 172/173, 174/175, 175 u.r., 176/177, 176 u.r.; Dr. Peer Schmidt-Walther: S. 52/2+3, 54/4, 58/3+4, 66/67 (alle), 68–73 (14 Bilder), 134/1, 136/3, 139/5, 176 (1–3), 178/1, 179/4, 178/1,4,4; Kurt Ulrich, Seite 50–55 (12). Mit freundlicher Genehmigung der South Australian Tourism Commission (SATC): Seite 180/1 Adam Bruzzone, 180/3, 180/4, 182/183 (4); Wolfgang R Webster, Darmstadt: 146/2

Alle anderen Bilder stammen von Kurt Ulrich.

Alle Angaben dieses Bandes wurden von den Autoren sorgfältig recherchiert und vom Verlag auf Stimmigkeit und Aktualität geprüft. Allerdings kann keine Haftung für die Richtigkeit der Informationen übernommen werden. Für Hinweise und Anregungen sind wir dankbar. Zuschriften an den: Bruckmann Verlag, Produktmanagement, Postfach 400209, D-80702 München, E-Mail: lektorat@bruckmann.de

Produktmanagement: Joachim Hellmuth
Textlektorat: Thomas Theise
Graphische Gestaltung: Werner Poll, München
Kartografie: Mapdesign Thieme, München
Herstellung: Bettina Schippel
Repro: Repro Ludwig, Zell am See
Printed and bound in Italy by Printer Trento

Die Deutsche Nationalbibliothek verzeichnet diese Publikation in der Deutschen Nationalbibliografie; detaillierte bibliografische Daten sind im Internet über http://dnb.d-nb.de abrufbar.

ISBN 978-3-7654-5433-2